U0053503

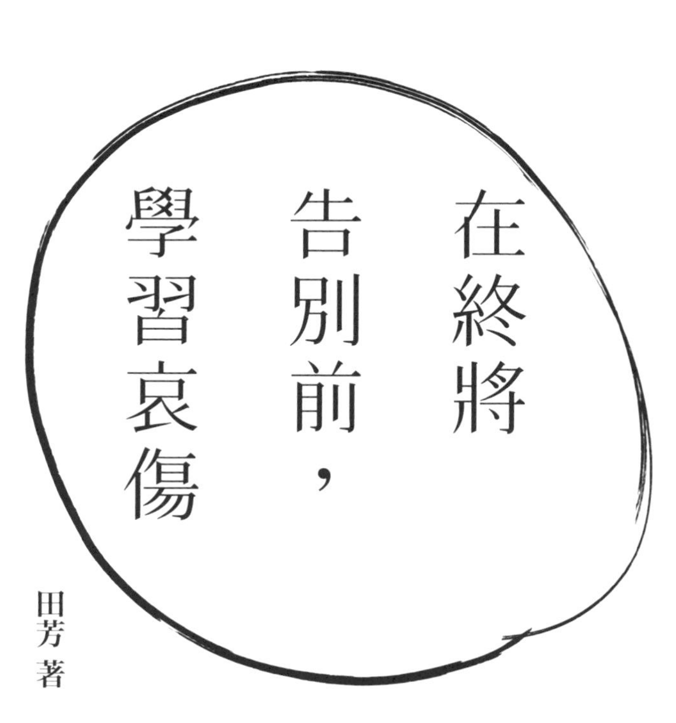

在終將告別前，學習哀傷

田芳 著

目錄

有關「哀傷」的真相

哀傷的第一課：確認死亡的發生

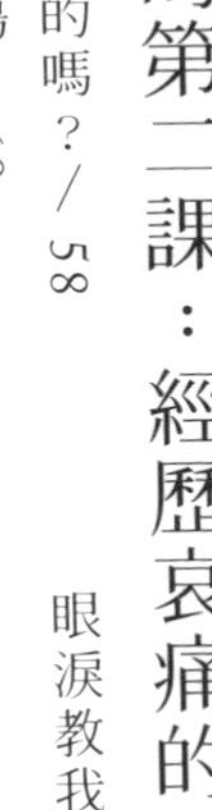

哀傷的第二課：經歷哀痛的情緒

哀傷的第三課：建立心的聯繫

哀傷的第四課：失去後的生活

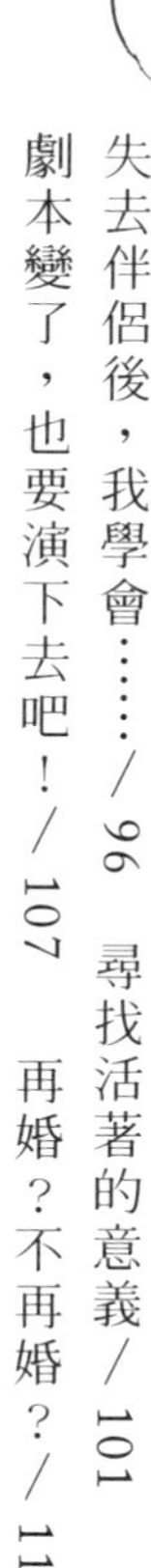

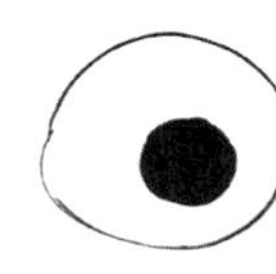

被剝奪的哀傷

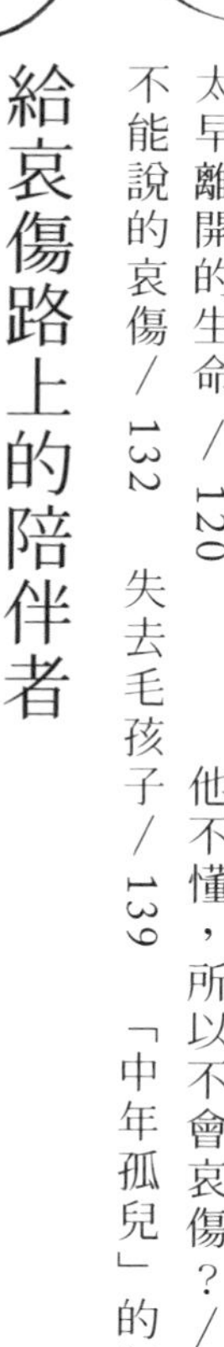

給哀傷路上的陪伴者

推薦序

黃慧筠
美國婚姻及家庭治療學會特許臨床督導
香港專業輔導協會院士暨臨床督導
曾任安家舍哀傷輔導臨床督導

與田芳認識於共事的機構內，那已是二十多年前的事了，那機構就是推廣善終服務為主的善寧會。在九十年代，善寧會要在社區開設一間哀傷輔導中心，於是安家舍經各界的努力下就成立了，主要輔導經歷喪親之痛的人士。田芳與我就是在無數個案研討中彼此認識。她為人很感性，有同理心，容易體會當事人的感受，使受助者可以信任而開啟哀傷失落的心靈。在安家舍的七年工作中，她見過不同階層、不同年齡的男女及其家人，累積了不少寶貴的臨床經驗，其後更在香港大學推行生死教育，傳授這方面的心得。後來我們相繼離開了安家舍，沒有見面機會。及後我閱讀《香港佛教》月刊，發現田芳是其中〈生死相安〉專欄的主筆，我心中又亮起一絲溫暖聯繫，覺得與她緣份未完。憑著每期專欄文章之分享，我知道田芳一直領悟著生死哲理，一直忠於生死教育這項工作，不禁對她佩服萬分。

今年在某種機緣下，我們於安家舍舊同事敘會上重遇，田芳已是三個小孩的中年母親，人生歷練應增進不少。多年不見，她還是熱力充沛、滿臉笑容的聆聽著各人的分享。我已到快退休之年，當然很高興見到各舊同工仍然熱誠地、未忘初心地在不同崗位上服務著，更喜見田芳將她對哀傷臨床之經驗收集，出版成此書。

此書值得推介有兩方面：一、作者善用她的經歷，包括個案及媒體將死亡哀傷之負面情緒大膽表達出來之餘，也同時憑她的洞悉揭示負面底層之正念，讓讀者深思死亡正面的意義。其文字簡潔流暢，容易閱讀；二、在各章內容後，作者將對她有所啟發的書本詳細列出，好讓讀者自行深入探索。

我閱讀時，不禁也反省自己的經歷，與文章共鳴，就這樣不自覺地邊閱讀，邊回味人生。

我誠心地盼望此書一紙風行，啟迪每一讀者正視生死。

推薦序

陳智豪
香港中文大學社會工作學系副教授

甚麼是真誠？看 Agnes 的文章就有這感覺。

真正認識 Agnes 大概是十一年前的一個冬天，因著「美善生命計劃」，我們在數年間合作無間，完成了大大小小有關生死教育及喪親輔導的課程和工作坊。死亡從來不是一個容易與人分享的題目，但我們卻真誠地分享彼此的所思所想。從死到生，從個人到家庭，從實踐到研究，從不相識到成為生死工作路上的好拍檔和好朋友……這些年間，我們彼此經歷了自己的成長。回想，是瘋狂，卻也是如斯可貴。

也許這本書正正是 Agnes 在個人及專業成長過程中的一個美好印記。她真誠地和我們分享了她對哀傷這題目的認識——不單是知識的傳遞，更加上了她豐富的哀傷輔導經驗及個人的感受與反思。看她的文字，讓我不期然想起和她合作時她所分享的一點一滴。沒有矯情的說話，沒有吹噓的言語，有的就是她那份恰如其分的表達。

能夠為好朋友出版的新書寫序，是人生中的一件美事，而我由衷地替她高興。做自己喜歡的事，固然是喜悅，但能夠看到對的人做對的事，更是難得，而我深知道Agnes就是寫這本書最合適的人選。

在書中的結語，Agnes不忘提醒我們：「人，並不能長久……」但也許正是如此，讓我們更懂珍惜時間，更真誠地做自己熱忱的事。

忠於自己的選擇：「好朋友，恭喜你，你真的做到了！」

自序

社工系畢業後，哀傷輔導是我的第一份工作。由當初的黃毛丫頭，到後來成為人妻，現在更是三個男孩子的母親，我的工作一直沒有離開過哀傷輔導。記得多年前辭去前線工作，走進大學開始做培訓的工作，我曾向我所服務的喪親家屬說過，從他們身上我獲得了很多的學習機會和啟發，希望在未來的日子裡，我可以將這些得著與其他人分享，讓更多人認識喪親家屬的需要，以及如何面對哀傷。

可幸一路走來，我沒有忘卻初衷。今天，我還有機會透過文字，將過去我所學習到的、體會到的都記錄下來，實在感恩蜂鳥出版的邀請。作為喪親家屬的您，希望這本書能為您在茫然的哀傷路上帶來多一點方向和指引；作為陪伴者的您，無論你是助人專業的同工，或是關心喪親家屬的親友，我也希望這書能讓您更明白家屬的需要，從而在同行的路上讓他們感受到更貼心的支持；而對於所有其他朋友，希望這本書可以如書名一樣，幫助你為終將出現的告別，作最好的準備，也為當下的生命重新反思。

經常有人問我：「工作不會太沉重嗎？」我想，工作的確是沉重的，但除此以外，喪親家屬的故事讓我感受最深的，是「愛」。他們的痛苦、哀傷、難過，都是源自對親人濃濃的愛。那是一份很微妙的體會：人間充滿疾苦，但同時，人間也充滿情愛。這份愛，讓喪親家屬超越哀傷，繼續走往後的人生路；或許也是因為這份愛，令我對生命仍然懷有期盼，讓我一直保存對這份工作的熱忱。

我想向每一位曾在過去這段路上與我相遇的人表達謝意：感謝Adelina和Wallace為我寫序，他倆是我工作生涯裡的良師和益友，我由衷地珍惜這份緣分和情誼。

感謝在專業路上的老師和前輩們，是你們對服務的創新理念和一直努力的耕耘，令生死工作在社區逐漸被廣泛推廣；感謝各位曾一起並肩作戰的同事們，在哀傷輔導和生死教育的工作領域當中遇上一班志同道合的戰友，共同探索，彼此學習，是非常寶貴的經歷；還要感謝所有曾與我有緣相遇過的喪親家屬，陪伴你們走過哀傷路的那段經歷，比起書本裡的理論，為我帶來更豐富的學習，並成為我生命中寶貴的一課。書中有關喪親家屬的描述，其姓名及任何可識別的背景資料皆已被修改，以確保各位家屬的私隱得以被保障。

我還要感謝我摯愛的親人：感謝我在天上的父母，即使已離世多年，你們的愛一直伴隨著我。最後，是我的丈夫和三個寶貝仔。在助人工作中，我們自己就是工作的工具，因此我總覺得，當中最大的功課，就是如何活好自己，成為一個言行和身體皆表裡如一的人——口中向家屬說的，是我內心由衷相信的，更是我在現實生活中真正活出的。感謝丈夫和孩子，如何在婚姻和親子關係中去愛您們，是我每天的學習，也是讓我好好實踐在工作裡那最重要的一課。

第一章

有關「哀傷」的真相

生命是一場「擁有」和「失去」的交替。我們孑身來到世上，然後開始經歷擁有：我們的小床、玩具，還有父母的愛。接著，我們會開始經驗失去：心愛的玩具破損了、好同學搬家離校、失戀……然後再擁有，又再失去……直至一天，我們兩手空空的離開世界。

可是，從小我們只追求擁有，卻不曾學習面對失去。

死亡，就是生命中最終極的失去。

何以要忌諱死亡？

若有一天，你年邁的父母向你表示對死亡的憂慮，或對身後事安排的想法，你會有甚麼反應？

「哫！而家身體健康！講埋啲咁嘅嘢……」

「你唔使諗咁多啦，到時我哋會搞㗎，去多啲老人中心玩吓咪好囉……」

還是，你願意進一步聆聽，了解親人對死亡的想法和感受，並為死亡作出正面的預備？

過去有本地研究發現，中年人原來比老年人更恐懼死亡。長者面對日漸衰退的身體，和身邊親友的相繼離世，開始感受到死亡的靠近，因而產生不同的感受，可能是焦慮擔憂，亦可以是開放接納，都是自然不過的事。很可惜，面對生命晚期階段中這重要的課題，作為子女或後輩的我們卻往往因為自己的恐懼和不安，令他們縱有千言萬語，卻無路可訴，焦慮擔憂的情緒就只能繼續積存，無從處理。另一邊廂，要面對親人將有一天死去的事實，我們內心其實也充滿不捨和恐懼，於是唯有繼續努力把死亡視而不見，聽而不聞。

我曾經在大學舉辦有關生死教育的課程，有一次有趣的經歷：課程要求學生完成課堂後，寫一篇關於他對生死態度的個人反思文章。改功課時，其中一篇的內容讓我哭笑不得：

「我在電腦前，正埋頭苦幹地做著這份功課，我媽媽突然走進我的房間，問我在幹甚麼。我告訴她，我在大學報了一科生死教育課，在做功課呢。媽媽聽後一聲不響，默默地打開門，外出了。過了一會她回來，我才發現原來她去了街市，買了一些碌柚葉，並千叮萬囑，叫我用來洗澡。」

噢，原來連上一堂生死教育課，也要用碌柚葉洗澡！

我們以為不聽、不講、不見，死亡就不會來臨。但事實是，不聞不問的態度，令我們對死亡毫不認識，於是當死亡發生時，大家都彷徨，不知所措。

坦然準備　更能安然面對

為死亡作預備就好像面對地震一樣。日本經常地震，於是男女老幼，就算是幼稚園裡的小朋友，也懂得要預先演習，為地震作準備，因此當地震真正發生時，傷亡和影響也會減到最低。相反，如果在香港發生地震，我相信傷亡數字將會慘不忍睹，就是因為我們從來沒有考慮地震可能發生，更遑論作任何準備。認識死亡和討論死亡，就是讓我們為將會發生的事情作準備，就好像結婚前，準夫婦會參與婚前輔導；孩子出生前，準媽媽會出席產前講座；退休前也有退休理財計劃……不是每個人都會結婚生子或工作退休，但我們都會在進入這些生命階段前作準備，卻唯獨是每個人都要面對的死亡，我們卻視若無睹。

事實上，只要我們願意鼓起勇氣，嘗試揭開死亡的神秘面紗，去認識死亡，討論死亡，你將赫然發現，死亡並不如想像中可怕，反而讓我們和身邊人靠得更近，更深切感受到生命的可貴處。

這幾年，我有機會為保險從業員進行有關生死教育的培訓。事實上，保險從業員是其中一群站在最前線的專業人員，去幫助客戶面對病患和死亡的處境。曾從主辦單位聽到其中一位參加者的分享，令自己有很大感觸。

這位保險從業員參與課堂後，剛巧有機會探望一位患有危疾，且病情已屆末期的客戶。沒有一般招牌式又無意思的「好好休息，放心啦，無事嘅……」「等你好返我哋再去飲茶……」的安慰，這位從業員卻與對方深入交談後，最後鼓起勇氣問道：「其實，你心裡有沒有甚麼擔心的事情？有沒有考慮過後事的處理？有沒有甚麼我可以為你安排的？」沒想到，那位客戶握著他的手，感激地向他說：「多謝你！多謝你問我這些問題！其實心裡面一直很想向人交代萬一我走了，身後事和其他相關事情的處理，但一直都沒有人願意和我討論……很多謝你提出，我終於可以將內心的想法說出來了……」

忌諱的態度不但不能抹去我們對死亡的不安和焦慮，反而只會令人更孤獨無助地面對死亡。生和死其實互相緊扣，死亡就是生命的一部分。不只說生，也能談死。你，又有沒有這份勇氣？

為甚麼會對死亡焦慮？

根據 Tomer & Eliason（2000）的死亡焦慮模式（Death Anxiety Model），我們對死亡的焦慮主要和三方面有關，包括：

1．我們看死亡的意義（Meaningfulness of Death）

2．對過去的遺憾（Past-Related Regrets）

3．對未來的遺憾（Future-Related Regrets）

例如一個人若只看到死亡有負面的意義（「我做了很多壞事，死後一定會落地獄」）、對過去有很多遺憾（「我過去的人生太多苦難，從來沒有享受人生」）；對未來想到很多未能完成的事情（「我答應過太太退休後和她環遊世界，享受人生，現在有病，再沒有機會了」），他將會有更大的死亡焦慮。

因此，面對死亡，我們可以嘗試賦予正面的意義（「我當下悔改，做回好人，仍然可以上天堂的」）；回顧及整理過去的人生片段，尤其肯定正面的部分（「過去縱然面對這麼多困難，但我從未放棄，也算是對得住自己」）；透過積極的生活規劃，盡量減少遺憾（「坐言起行，下星期和太太去一次短線旅遊，也不錯啊！」），這將可以減低我們對死亡的焦慮。

我們害怕死亡，或許每個背後的原因都不盡相同，因此更重要的是，我們可以開始認識和討論死亡。人們往往對神秘或一知半解的事情感到焦慮，實屬人之常情。但當我們對事物愈來愈多認識和了解時，那種驚惶不安的感覺就會減低。願意去接觸和認識死亡，就是應對死亡焦慮的第一步。

參考資料：

Tomer, A., & Eliason, G. (2000). In A. Tomer (Ed.), *Death attitudes and the older adults* (pp. 3-22). Philadelphia, PA: Brunner-Routledge.

告別後，要哀傷多久？

很多人會問，哀傷要維持多久？我會說：「不同人會有不同的答案」。文獻中雖然沒有統一確切的結論，但部分研究普遍指出，若以抑鬱情緒或哀傷困擾程度等徵狀作指標，面對摯親離世，喪親家屬大約要一至兩年時間，才能回復至喪親前的狀態，亦有些臨床專家認為需要長達五年。事實上，不同人因著不同的解難能力、適應能力、與逝者的關係等不同因素，也會有不同的影響。

然而，若果從思念和愛的角度出發，哀傷的時間可以是一生一世。

電影《玩轉極樂園》（Coco）是近年迪士尼製作以死亡為主題的動畫。電影最讓我感動的，是有關哀傷時間的描述。

故事背景是墨西哥的亡靈節，有點像中國人的盂蘭節或清明節，亡靈世界可以透過節日與人間接通，而男主角米高為了追尋自己的音樂夢想，在亡靈世界展開了一場尋親探險之旅。動畫尾段，米高經歷千辛萬苦後重回人間，希望重新喚起曾祖母對她父親的記憶，因為只有這樣做，在亡靈世界的曾曾祖父才不會因為被人忘懷而灰飛煙滅。結果，曾祖母不但沒有忘記，更娓娓道出她對父親的思念和回憶。原來，就算白髮蒼蒼的老人，已活到生命的盡處，卻仍然感受到哀傷和思念，懷念多年前逝去的親人。

一個小女孩小學時期失去了父親，可能兩三年間已完全適應喪親後的生活，但試想想，到她小學畢業，看見其他同學都有雙親出席畢業典禮，她也會希望父親在場；到中學和大學畢業，她或許仍有同樣盼望；然後，在她人生每一個重要階段，可能是結婚、生孩子、事業有成的時候，那種隱隱的遺憾和哀傷都會再次出現。哀傷的再臨，已不會再像喪親初期般，帶來激烈的情緒反應和影響，但它卻似乎已成為我們的一部分，和我們共存，和我們一起成長。

「不OK」是OK的

著名歌手盧凱彤墜樓死亡，全城一片哀聲，不少圈內圈外人士都發文悼念。當中盧凱彤的拍檔兼好朋友林二汶的悼文讓我尤其觸動，其中一段寫道：「你問我『Are you OK?』我回答你，我永遠不會OK，因為這件永遠也不會是一件OK的事。」

輔導員支援喪親家屬時，其中一項工作，就是讓對方明白，感覺不OK是OK的（"It is OK not to be OK"）。回看林二汶的分享，更讓我們明白哀傷的真實面貌。

現今社會講求效率，衣食住行都要快、靚、正，喪親也沒有例外——孝，喪禮後即時就脫；喪假，通常沒有，最好第二天就上班。喪親家屬被期望應該盡快放下，趕緊追回「正常」的步伐，於是乎，哀傷變成了奢侈品。另一邊廂，我們積極提倡正面思維、正向心理，「不開心」「不OK」往往被標籤為「負面」「消極」。當我們問「你OK嗎？」，坦白說，我們是否真的容得下別人「不OK」？其實自己心裡一早有前設，期望你應該「OK」。親人剛離世，我們會明白哀傷是正常的。三個月後呢？是否應該要開始收拾心情，回歸「正常」？那麼，「永遠不會OK」，可以嗎？若果哀傷可能永遠不OK，那麼又有甚麼出路呢？

電影《心靈觸洞》（*Rabbit Hole*）有這樣一幕：飾演剛因車禍喪失四歲兒子的妮歌潔曼，和母親在地牢收拾兒子的遺物。面對十一年前也失去了兒子（即妮歌潔曼的哥哥）的母親，妮歌潔曼問：「哀傷會離去嗎？」母親答：「不會。對我來說，哀傷並沒有離去，已十一年了，但哀傷會改變，或許是它的重量，到了某些時候，哀傷似乎變得可以承受得了……它變成一件你可以從內心掏出來的東西，就好像你衣袋裡的一塊石頭，你會帶著它繼續生活，然後有些時間，你甚至會忘記它的存在。但當你再次掏進口袋裡，你會發現，它依舊仍在那裡。生活有時很難熬，但卻不是所有時間都如此。不管你喜歡與否，失去了兒子，似乎取而代之的，就是擁有這份對兒子的思念。它已成為自己的一部分，一直就在那裡，並不會離去……但，感覺還是可以的。」

當我們對親人的愛是真實而長存，失去親人的思念又怎會無端消失？或許，不OK的感覺會持續一段日子，哀傷也可能不會輕易離去，但學習接納哀傷，帶著那份思念，與它們共存共行，我們仍然可以好好活下去。

「複雜性哀慟」有甚麼警號？

面對摯親離世，喪親家屬會感到哀傷和思念，還有其他常見的哀傷反應（詳情見 67 頁），這都是正常的。可是，若哀傷反應持續，或愈來愈嚴重，甚至影響日常生活，就必須要正視。

2013 年出版的《精神疾病診斷與統計手冊》（*The Diagnostic and Statistical Manual of Mental Disorders*，簡稱 DSM-V）第五版，首度將複雜性哀慟列為「尚待進一步研究之診斷」，並稱之為**「持續性複雜哀慟障礙症」**（Persistent Complex Bereavement Disorder）。症狀包括：

- 持續而強烈的思念和哀痛情緒；
- 面對死亡的極端壓力反應，如不能接受死亡、極端的自責、過度逃避與死亡有關的事物等；

・自我和社交上的障礙，如感到生命沒有意義、不能再信任他人、希望重遇死者而有尋死的念頭等。

若出現多項喪親反應超越正常程度，嚴重影響日常生活，並持續超過一年，就有可能是複雜性哀慟，家屬應該盡快尋求專業人士的支援。

外國有研究顯示，大約9.7%的喪親家屬會有機會出現複雜性哀慟的情況，部分喪親家屬亦有可能出現抑鬱症狀。若有疑慮，可向有關專業人士諮詢。有需要的喪親家屬可聯絡以下機構尋求協助：

贐明會：
電話：2361 6606
網頁：http://www.cccg.org.hk/

善寧會：譚雅士杜佩珍安家舍
電話：2725 7693 / 2331 7000
網頁：https://www.hospicecare.org.hk/we-listen/jessie-and-thomas-tam-centre/

生命熱線：「釋心同行」自殺者親友支援計劃

電話：2382 2737 / 2382 2007

網頁：https://www.sps.org.hk/?a=group&id=bless

香港撒瑪利亞防止自殺會：「活出彩虹服務」（自殺者親友支援服務）

電話：2341 7227

網頁：https://www.sbhk.org.hk/scic_service.php

「節哀順變」的迷思

遇上喪親家屬，我們都會循例說句「節哀順變」、「不要太傷心」等說話。但是，「哀」真的能「節」嗎？也有人說，要從哀傷中「康復」過來，但哀傷從來不是病，何來康復之有？

曾經在網上看過一段關於哀傷的片段，名為〈哀傷隨著時間會如何改變？〉（*How does grief change over time?*），內容值得深思。片中的講者解釋，若我們的生命是一個圓圈，當摯親離世，哀傷就好像用黑色的顏料塗滿了整個圓圈，影響我們生命的所有部分。隨著時間流逝，我們以為哀傷的部分會逐漸減少，甚至消失，其實並不是這樣的。當時間過去，哀傷並沒有改變，但我們生命的圓圈卻可以慢慢擴大，於是同樣的哀傷便對我們生活上各方面的影響減少了。這個圓圈並不會有固定的模樣，有時大，有時細，在特別的日子如節日、生忌、死忌時，圓圈可能會縮小，於是我們又會再次感受哀傷所帶來的情緒和衝擊，但往後我們又可以回復平常的狀態。

這是一個非常準確的比喻。

哀源自愛 要接納而非節制

阿慧的丈夫因意外離世，痛不欲生，我一直見證她如何一步一步不懈地面對每一個挑戰。多年後，她和女兒已逐步適應喪親後的生活和情緒變化，更成為一位積極的過來人義工，透過分享自己的經歷，去勉勵其他經驗相似哀傷的朋友。

有一次，和她回顧這幾年來的日子，她這樣描述自己的哀傷：「經過這麼多年，似乎我已能夠走過哀傷，但若要我再鑽進這次的經歷當中，去重新仔細感受和經驗那份哀傷，坦白說，那些哀痛的感覺和當天比較並不會有太大分別。因為有愛，才會哀傷。丈夫雖然已離開了一段日子，我對他的愛並沒有改變過，因此失去他的哀和痛也沒有怎樣減少。但為甚麼我看來好多了？我想，是因為今天的我比當年的我在各方面都進步了。我解決問題和適應能力都強了，變得更獨立，更懂得處理自己的情緒，對生命也有更多的反思和體會；女兒長大了，也變得更懂事更生性。或許就是這些，讓同一份哀傷對我所帶來的影響也少了。」

噢，是的。哀傷並沒有減少，但阿慧卻擴大了那個圓圈，那塊生命的版圖。

喪親，是人生中一場非常非常巨大的轉變。面對轉變，我們從來不會「康復」，我們需要的是「適應」——學習適應沒有親人後的生活，學習應對失去親人所帶來的情緒困擾，以及重新調整對生命、自我和不同事物的看法。經歷過摯親離世的人都會明白，無論時間過了多久，內心深處仍然感受到那份失落的存在，但為甚麼我們又好像逐漸「好了些」？那就是因為我們生命的圓圈擴大了。喪親家屬需要的，並不是如何「節」哀，而是如何擴展自己生命的領域，讓自己有更大的容量和能力，去承載哀傷，與哀傷共存。

曾聽過一位家屬這樣形容喪夫後的經歷：

「我覺得自己就像一個剛上幼稚園的小孩子：第一天上學，孩子會害怕、會焦慮，更會哭，那是因為他們要第一次鬆開媽媽熟悉又安全的手，去進入一個未知的環境。那個陌生的世界安全嗎？我懂得應付嗎？恐懼的感覺自然而生。可能孩子第一天上學會哭，第二天、第三天也哭，然而，慢慢地，他逐漸會發現原來自己也有能力應付和適應，周遭的環境也沒有想像中可怕，於是，開始融入新的生活。

我們不就是一樣嗎？過去，我們牽著丈夫的手，過著最安穩的生活，但丈夫離世後，我們被迫無奈地鬆開他熟悉的手，被拋進一個完全陌生的世界，因此我們會哭，會恐懼，會彷徨無助。但我相信我們也會好像那些小朋友一樣，慢慢地學習適應喪親後的生活，在人生路上，繼續上這趟關於生命的課。」

原來我們一直誤解了。就像一個錢幣的兩面，如果一面是哀傷，另一面就是對親人的愛，兩者相輔相成。

我們常常努力地挖空心思，嘗試說一些話、做一些事，希望可以令喪親者減少哀傷，減輕痛苦，但往往發覺徒勞無功。因為哀傷的源起，是愛。這樣看來，哀傷是正常的，更是合理的。需要改變的，不是哀傷本身，而是喪親者個人和客觀的狀態，包括生活適應的能力、處理情緒的能力、對生命的態度和看法、支援網絡、環境資源等，這些條件的進步令哀傷的影響減低，也令喪親者更有力量、更平安地走過哀傷路。

或許，「接納」哀傷比「節制」哀傷，是面對死亡時更適切和更重要的學習。於是，有一天，縱然鬆開了親人的手，我們仍然有能力好好繼續生活下去。

1 https://www.facebook.com/bbciplayer/videos/bbc-stories:-like-minds-on/2168915343327846/

每人也有不同的哀傷反應

哀傷反應可以受不同的因素影響，包括：

1．喪親經歷的客觀情況，例如死亡是否突然、與逝者的關係、法律程序問題等；

2．社交或環境因素，例如社交支援、家庭關係、宗教支持、服務支援等；

3．個人內在因素，例如性格特質、思維能力、宗教信仰、人生觀或價值觀、童年或過去的失缺經驗、精神健康等；

4．個人理解及處理方式，例如認知或行為模式，以及情緒調節。

這些因素最終會影響喪親家屬的狀態，包括情緒的強烈程度、身體和心理的反應等。值得留意的是，上述因素有部分是無法改變的，例如死亡的客觀情況、過去的失缺經驗、與逝者的關係等；但另外亦有一些因素是可以改變，例如個人價值觀、情緒處理及調節、社交支援等。因此，只要喪親家屬及身邊人懂得以適當的方式應對，將會帶來正面影響，有助家屬適應喪親後的生活。

參考資料：

Stroebe, M. S., Folkman, S., Hasson, R.O., & Schut, H. (2006). *The prediction of bereavement outcome: Development of an integrative risk factor framework.* Social Science & Medicine, 63, 2440–2451.

第二章

哀傷的第一課：確認死亡的發生

哀傷歷程的第一步，就是確認死亡的發生。由疑幻疑真、拒絕相信、不能接受，我們需要一個過程，去確認和消化——死亡真的發生了。

從此，生命起了翻天覆地的變化，我們正式踏上哀傷之旅。

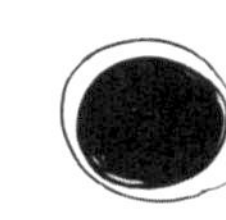

消化死亡的事實

你和你的愛侶一直關係親密，誰知忽然有一天，他／她淡然地對你說：「我們分手吧！」你的第一個反應是甚麼？

「為！什！麼！」

又試想像，家人一直在醫院留醫接受治療，情況穩定。突然電話響起，醫院的醫護人員通知你，家人的情況急轉直下，請你馬上前來醫院。到達醫院，家人已返魂乏術，你的第一個反應又是甚麼？

「為！什！麼！」

面對突如其來的壞消息，我們第一個反應，就是要理解事情為甚麼發生，從而消化事件。面對死亡，就和面對分手一樣，我們首先需要明白事情發生的原因。

於是，喪親家屬在死亡發生的初階段，都會經驗一個「尋根究底」的過程。對於一些「已預期的死亡」，例如末期病患、病情逐漸加重的情況，家屬會相對容易明白和接受死亡的發生。但其他突發的死亡，例如意外、心臟病，或病情忽然變差的情況，家屬就需要經歷一個更長更艱難的過程，去追尋、理解和消化死亡的原因。這期間，家屬往往需要醫護人員的解釋，又或了解各類醫療報告和調查報告等等，家屬透過周旋於不同人士的敘述和醫學名詞中，嘗試幫助自己逐步明白親人的死亡。身邊人或其他專業人士可以做的，就是盡量協助家屬獲得相關資訊，幫助他們掌握事件的客觀資料及前因後果，從而了解死亡的原因。

另一個幫助自己消化死亡事實的方法，就是透過語言重複的表達。若你曾經歷親人離世，有沒有發覺在喪親初期，自己常常很想將親人去世的經過，以及自己的想法、感受，向身邊人重複訴說？

聆聽家屬的說話

阿玲的丈夫因交通意外離世。因事出突然，親友們最初都會詢問她事情的始末，她就會不厭其煩地將意外發生的過程仔細解釋。後來她發現，就算別人已沒再問及，她仍然會向身邊人重複講述丈夫出事的經過：「那天早上，我們一起食早餐，我還準備了他最喜歡的腸仔雙蛋。早餐過後，他就出門上班。到十點，電話突然響起，警察打來通知我，老公因交通意外入院！我簡直晴天霹靂，心亂如麻。趕到急症室，醫生告訴我，老公情況太嚴重，已搶救無效，我當時簡直瘋掉了！後來……」就是這樣，翻來覆去地，沒完沒了的，阿玲向別人訴說著她的故事。

直至有一天，她心裡好像明白了甚麼：「我不停地重複丈夫離世的經過，我發覺，原來我不是想告訴別人，我想真正告訴的，是我自己。一次又一次地，我好像在說服自己，他死了……他就是這樣子……死了。」

原來如此。

你有試過自己跟自己說話嗎？我自小就是一個很喜歡自言自語的人，每逢緊張，我就會開始自說自話：「放鬆啲，放鬆啲」「畀啲信心，唔使驚」「你做到嘅！」透過說話，我們整頓了自己的思緒，成為自己的說客。膽小的會鼓勵自己「不用害怕」；欠自信的會說服自己「我做得到」；喪親家屬，就試著說服自己接受親人離世的事實。

曾經在網上看過一幅漫畫，解釋心理輔導的功能：受助者在訴說著自己的感受，那些感受從口中說出來，就好像亂成一團的毛線，糾纏不清。輔導員所做的事情，就是把這些糾結的毛線逐一梳理，然後有條不紊地分別捲成不同的毛線球。於喪親初期，家屬的思緒往往混亂而強烈，他們其實需要一個相同的過程，就是透過語言把千頭萬緒逐步轉化成有條理的敘述，然後幫助自己理解、消化和接受。

因此，喪親家屬的確需要一個空間，去講自己的故事，而身邊人可以做的，就是聆聽。人們常想知道，應該說些甚麼話去安慰喪親家屬？

我問過很多家屬，他們最想聽的是甚麼說話？而所有人都給我相同的答案，就是「其實甚麼也不用說」。他們需要的，不是你在說甚麼，而是你在聽他說甚麼；相對於說話，他們更需要被聆聽。有身邊人的傾聽，他才可以有足夠的空間，慢慢訴說和整理自己的故事。

這是哀傷歷程的開始，也是踏向自我療癒的第一小步。

哀傷的歷程

很多研究喪親、哀傷的專家和學者，都有自己一套對哀傷的理解和模式，例如William Worden的四個哀悼任務（Four Tasks of Mourning）、John Bowlby & Colin Murray Parkes的四個哀傷階段（Four Phases of Grief），以及Therese Rando的六個哀悼歷程（6Rs Process of Mourning）。這些理論模式雖然各有特點，但實質的內容大同小異。面對親人離世，家屬會經歷以下歷程：

- 確認死亡的發生；
- 經歷哀傷情緒；
- 回憶逝者並建立心靈上的聯繫；
- 適應及重投喪親後的生活。

這個過程不是線性的，歷程也不會逐一清晰地出現，相反，它們往往是反覆混亂，或同步發生，無論男女老幼，所有人都會大致經歷以上相同的歷程。而不同人士的特質、發展階段等因素，會為哀傷歷程帶來不同的挑戰，例如小朋友仍處於認知能力發展階段，他們未必能夠完全確認死亡的事實；很多男士傾向壓抑情緒，於是當經歷強烈的哀傷情緒時，可能不擅處理；而長者支援網絡較薄弱，可能會在適應生活上遇到較大困難。了解到不同喪親家屬在哀傷歷程上遇到的問題，身邊人就可以提供相關支援，與他們共渡哀傷之路。

參考資料：

J. William Worden (2011)《悲傷輔導與悲傷治療：心理衛生實務工作者手冊》（心理出版社）

儀式的意義

那天，我和外子閒聊，談到若有一天，我們其中一方先走，遺下那人會如何如何。我漫不經意地說：「若我先死的話，我甚麼儀式也不需要，就乾脆將我從殮房直接送到火葬場吧！」

外子一臉認真地回答：「到那時候，葬禮不只是為你，也是為了我想為你做些甚麼！」

我恍然大悟。

死者已矣，有些人會問，究竟葬禮是為生人還是死人而做？從信仰角度，葬禮中的宗教儀式對逝者的確有不同的意義，值得尊重。這裡我反而想從輔導角度討論一下，作為一個與死亡有關的儀式，喪禮對於喪親家屬到底有甚麼意義。

婚禮上，新郎新娘會交換婚結戒指；生日會上，壽星仔會吹蠟燭切蛋糕；畢業典禮上，學生會穿上畢業袍戴上四方帽……這些都是我們日常生活中所熟悉的儀式。所謂儀式，就是指人們透過行為或活動表達出某一象徵性的意義：交換結婚戒指代表自己對配偶的忠誠、生日會是對孩子成長的祝福、畢業典禮標誌著學生準備邁向人生下一階段。透過儀式，我們對這些象徵性意義予以更深層的肯定。

面對親人的死亡，喪親家屬會經歷喪禮、上位、掃墓等，這些都是喪親過程中重要的儀式。儀式中，我們可以向親人送上最後的道別，並表達內心的懷念。從哀傷輔導的角度來說，這些儀式更具有其他非常獨特的治療價值。

喪禮是治療的一部分

首先，這些儀式讓我們見證和確認死亡的事實：喪禮上，我們會看見親人躺在棺材裡；在火葬場，我們要親手按下按鈕，看著棺木被徐徐運走。這些過程無可避免地令人傷感，但同時間，透過親歷其境，讓人真實地意識到親人已經去世，這是我們消化和接受死亡的其中一個關鍵部分。

此外，中國人一直不擅表達情感，於喪親初期，家屬更往往被混亂而強烈的思緒所充斥，千愁萬緒不知從何說起。但另一邊廂，儀式卻是有系統、有步驟的。於是，只要儀式的設計和安排合適，我們就可以透過這些過程抒發和釋放哀傷的情緒。例如在喪禮上，出席者都清楚知道應該往哪裡站，然後鞠躬或默哀，最後就是向家屬表達慰問。這些既定步驟，都讓我們有條理地表達對逝者的道別和敬意，同時也把親友連結起來，讓大家感受到彼此的關懷。

現今社會中，很多傳統儀式已逐漸變得形式化，但其實每一項儀式都有它的根源和意義，例如破地獄就是打破地獄之門，讓死者脫離苦難，得到覺醒；擔幡買水則意指潔淨死者的靈魂，早登極樂。喪親家屬在進行這些宗教儀式的過程中，若能夠明白並認同背後的意義，了解到自己正為死者所做的事情，其實可以減輕家屬面對親人死亡的無力感，並帶來一份安慰。

有人認為「人死了，做甚麼也沒有用」。若我們看不見儀式背後的意思，的確，它只是一連串堆砌而成、毫無意義的繁文縟節。但事實是，當人們不懂面對死亡，儀式就是讓生者在混亂無助的沙丘中有跡可依。它可以連結起哀傷的人，容讓情感的釋放，也帶來心靈的慰藉。

「不適合」出席喪禮？

有些人認為，小朋友並不適合出席喪禮，其實未必，只要有妥善的支援和準備，他們同樣可以透過喪禮過程得到安慰。

身邊的大人可以預先告訴他們喪禮的程序、他們有機會看見的處境（例如某些道教儀式可能讓他們感到奇怪或不安）、他們需要擔當的崗位（例如擔幡買水）。喪禮前可以邀請他們透過畫畫、寫信或挑選陪葬品表達心意；喪禮過程中也可以邀請一位他們信任的親人陪伴在旁。

若在某些情況下，家屬實在無法出席葬禮（譬如長者身體健康欠佳、身處外地等），我們仍然可以透過一些替代方法，盡量達至上文提及有關葬禮的功能。

例如家人可以將葬禮過程拍照或錄影（無需拍攝逝者遺容，只拍攝外圍情況已可），然後讓未能出席的親人觀看；也可以邀請行動不便的長者在自己的住處進行簡單但有意思的悼念儀式（例如在逝者的照片前上香、燒衣），過程中同樣可以容讓長者表達哀傷的情緒，減低無力感。

參考資料：

伊雯·殷伯布雷克、簡寧·羅伯茲（1996年）《生命中的戒指與蠟燭：創造豐富的生活儀式》（張老師文化出版）

助孩子面對死亡

一位護士跟我分享過這樣一個故事。

年輕的阿威，與太太和年幼女兒一直過著美滿的生活。女兒是阿威的命根，也是他的掌上明珠。每天放工回家，只要看見女兒的笑臉，便心滿意足。

可惜好景不常，阿威被確診患上癌症。癌細胞擴散得很快，但為了心愛的妻女，阿威仍然充滿信心，堅信自己一定可以完全康復。住院期間，阿威一直堅拒讓太太帶女兒探望他——他不想女兒看見自己的「大隻佬爸爸」變成體弱無力的病人，更不忍心讓她看見滿臉病容、插滿喉管的自己。他期待自己迅速康復，再次精神飽滿地出現在女兒面前。

奈何，生命不由人，無間斷的治療並沒有令阿威的癌細胞受控制。幾個月間，阿威的情況一直惡化，已經到了末期的階段。到了生命的最後一程，阿威實在無法按捺多月來的牽掛，希望離開前再見女兒一面。結果，好一段時間沒見過爸爸的女兒，終於被媽媽帶到病床前。看見眼前那個「陌生人」，年幼的小女孩卻害怕得哭了起來……

聽到這故事，作為母親的我，內心感到特別難過。生命的最後一刻，本來是親人間最珍貴的時刻，讓彼此互相訴說衷情、緊緊擁抱、好好道別；可惜，現在卻成為了孩子一個驚惶恐懼的經歷，實在叫人傷感。

我們愛孩子，更想保護孩子。很多人以為，令孩子「不看、不聽、不知」，便能「保護」孩子免受死亡的威脅；亦有些人以為，孩子年紀小，不明白死亡，又或者很快會忘記死者，因而忽略了喪親對孩子的影響。事實上，孩子和大人一樣，同樣會經歷哀傷反應，並需要適當的支援幫助他們面對親人的離世。

當親人患重病，我們可以按孩子的認知能力，適當地讓他們了解親人的病情，並容許孩子表達自己的感受，包括擔心、恐懼的感覺，更可鼓勵孩子幫忙照顧親人，例如按摩、遞茶，或送上心意卡。孩子對親人的處境有適當的認識和參與，才能幫助孩子逐步消化和接受有關疾病，甚至死亡的事實。

當親人不幸離世，身邊的大人首要是讓孩子感到持續的關懷和安全，並逐步向孩子解釋親人的離世和死亡的概念。只要有足夠的支援，孩子同樣可以參與喪禮，表達自己的感受，向親人道別。

另外，有部分喪親孩子會出現一些「倒退行為」（regression），例如突然怕黑、不敢獨自睡眠、尿床等——死亡會動搖孩子的安全感，這些往往就是欠缺安全感的表現。我們應該盡快回復日常生活規律，包括居住環境、作息時間、日常活動等，這是幫助孩子確立安全感的第一步。家長亦應該體諒和理解孩子的需要，讓他們重新建立安全感和信心，例如先回應孩子的請求，多作陪伴，然後再按孩子的步伐，幫助他們逐步克服恐懼；日常生活中也可以多加肯定孩子（例如學業、運動、其他興趣等），讓他們明白，縱然生活出現巨變，但他們仍然有能力應付。

信任比同情更重要

曾經有一次，我和同事邀請一些喪親孩子寫下他們應對哀傷的方法，還有想想如何勉勵其他同樣經歷親人離世的小朋友。原來孩子們都有自己的「計仔」：有些會「和好朋友分享感受」，有的寫「我會吃一些好味的食物，我的不開心就會飛走了！BYE BYE！」，有一個更厲害，他最有效的辦法就是「玩」！很多家長不明白，為甚麼親人走了，孩子還能夠若無其事，照樣玩耍？甚至覺得孩子「唔生性，淨係顧住玩」！殊不知原來「玩」正是孩子眼中處理哀傷的最佳方法。

又有一位小朋友，她畫了一個充滿笑容的女孩子，然後寫道「我們和其他小孩沒有不同」。看見她所寫的，我萬分感觸。我們對經歷喪親的孩子都有一份憐憫之心，認為他們年幼就沒有了爸爸／媽媽很「可憐」。但我想強調，當每個人都以「可憐」的目光看孩子，孩子就會以「可憐」的目光看自己。沒錯，孩子的確正經歷一場很大的困難，但我接觸的所有喪親孩子都讓我確信，他們比我們以為的更有能力，並能夠透過這經歷成長起來。

相比於「同情」，孩子更需要的是「信任」。唯有信任孩子，他們才會學懂信任自己。

不要對孩子說「死亡」這個字？

當孩子面對喪親，很多家長都不懂得如何處理，有些甚至只會用「爺爺睡覺了」或「去了很遠的地方」等說法草草交待。事實上，臨床經驗發現，含糊交代親人死亡的消息有機會令孩子感到更大焦慮（例如孩子會不敢睡覺，怕一睡不醒；又或親人出門會表現焦慮，擔心對方會一去不返）。因此，我們鼓勵家長直接用「死」或「死亡」等字眼，然後再幫助孩子明白死亡的概念。

「死亡」其實是一個抽象的概念，其中包括幾個元素：

1．**死亡是普遍的**（Universality）：有生命的事物（包括動物、植物、人）都會死亡；

2．**死亡是不可逆轉**（Irreversibility）：死去的人不會再回來；

3．**死後身體便失去功能**（Non-functionality）：死去的人不會有感覺，因此不會覺得痛，也不再需要食物；

4．**死亡的歸因**（Causality）：簡單解釋死亡的原因，避免孩子因為魔幻式的想像（magical thinking）誤以為是自己導致死亡發生（例如「因為我唔聽話，所以媽媽死了」）；

5．**死後超越肉體的延續**（Non-corporeal continuation）：透過不同方式（包括宗教信仰）與親人作心靈聯繫（例如「爸爸在天堂，我可以祈禱同佢傾偈」）。

家長可以透過繪本、講故事、遊戲的方式，幫助孩子認識死亡，並在過程中引導孩子表達自己的想法和感受。

參考資料：《孩子心善別路家長手冊》（善寧會出版）

第三章

哀傷的第二課：經歷哀痛的情緒

有人說，學會面對痛苦的唯一方法，就是經歷它，走過它。

哀傷就好像暴風雨來襲，吹得喪親家屬舉步難行，看不清前路。

但只要確認了方向，找對了方法，路，還是可以走過的。

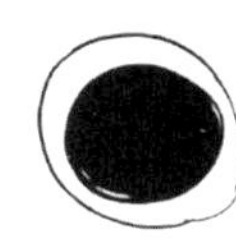

這是正常的嗎？

過去的輔導工作中，喪親家屬其中一個最常問的問題是：「我現在的情況……是正常的嗎？」

的而且確，經歷摯親離世後，喪親家屬往往發覺自己彷彿變成了另一個人：睡不好、吃不下、經常流淚、不能集中精神、失去動力、對事物提不起勁……很多人於是開始擔心自己精神狀況是否出了問題。尤其當身邊親友紛紛開始認為你「應該好起來」，而你卻偏偏仍然「好不起來」，於是，擔憂變本加厲，甚至質疑自己是否「不正常」。

我其中一項重要工作，就是讓他們明白到喪親是人生中一次「不尋常」的經歷，在「不尋常」的狀況下出現「不尋常」的反應，其實是正常的。當我們不再懷疑自己，我們才可安心經歷、表達和接納自己的哀傷。漸漸地，我們愈來愈熟悉那份哀傷，也愈來愈懂得和它相處。

在失落和復原之間徘徊

專門研究哀傷的學者 Margaret Stoebe 和 Henk Schut 所提出的哀傷「雙軌模式」（Dual Process Model）是近代非常重要的學術主張。他們認為喪親家屬會經驗兩種狀態：一種是失落主導（loss-oriented）的反應，家屬會經歷哀傷情緒、懷念親人、不能集中精神工作、避開與人接觸等等；而另一邊就是復原主導（restoration-oriented）的反應，家屬會嘗試參與重返日常生活的活動，例如照顧年幼子女、處理家務、上班等。親人離世後，喪親家屬就會重重複複地來回折返於這兩極的反應。

試想像一位丈夫離世，並育有年幼子女的婦女，她每天是如何渡過：晚上失眠，一整晚思念丈夫（失落主導），直至清晨才淺睡一會。七點鬧鐘響起，拖著疲乏的身軀，她開始一天的日程：叫孩子起床、煮早餐、吃早餐、催促孩子梳洗、穿校服、上校車（復原主導）……孩子上學後，回到空洞的房子裡，她又返回孤獨的空間，哀傷、流淚（失落主導）。然後，下午四點，孩子放學回家，她又重返日常的軌跡，督促孩子做功課、溫習、檢查書包、煮飯、吃飯、洗澡，哄孩子上床（復原主導）。孩子睡了，獨自躺在再沒有枕邊人的雙人床，她又重新經歷同樣劇情……

同樣地，徘徊於這種鐘擺式的狀態是正常的，甚至乎我會說是健康的。當家屬問「我應該如何是好？」我會回答：你可以做兩件事，第一，你可以哀傷、難過、流淚，又或靜靜地一個人去思念、回憶（失落主導）；但另一方面，你可以嘗試逐步參與正常生活的部分，回復日常功能（復原主導）。當家屬可以重複經歷失落主導和復原主導的活動時，鐘擺來回的幅度和頻率會由喪親初期的極端強烈，逐漸變得較為緩和、中庸，停留在失落主導的部分時間會減少，相反在復原主導的時間會增多，這就代表家屬正漸漸地適應喪親後的生活。

我們總被期望「應該」如何哀傷：很難過嗎？旁人會勸你「節哀順變」「不要太傷心」；若無其事，甚至笑口盈盈？別人會質疑你冷血無情，於是你哭也不得，笑也不得。事實是，每個人的哀傷歷程都是獨特的，從來沒有「應該」或「不應該」的哀傷表現，只有自己真實的感受。接納自己的哀傷，忠於自己的感受，然後按著自己的步伐，行走自己的哀傷軌跡。哀傷出現時，我們容許自己難過、流淚和懷念；然後，適時地重回生活的軌跡。就是這樣，一步復一步地，我們走過了哀傷。

讓鐘擺走向另一方

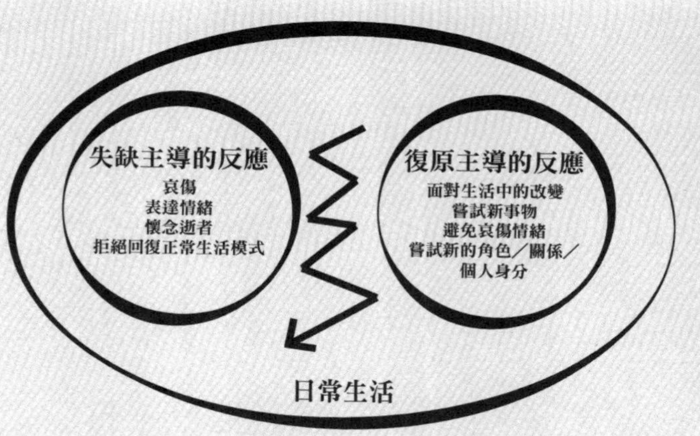

哀傷過程中，每個人都有其獨特的鐘擺歷程，例如善於表達情感的女士會傾向用較多時間在失落主導的部分，而理性的男士則往往側重於復原主導。每個人都需要逐漸以較平衡的狀態經歷另一向度的反應，喪親家屬的哀傷才得以慢慢適應。

這裡有兩個關鍵詞要留意。

第一是「**從小步開始**」：對於一位長時間沉溺於哀傷的家屬，他／她實在不可能在短時間內就回復過去正常的生活功能和狀態，因此每一次嘗試從失落主導走向復原主導，都是「從小步開始」。倘若步幅一大，家屬就未必能夠完成，於是更加跌進無力感和自我否定的深淵。例如家屬未必有精力如往常般每天買菜，每餐煮三餸一湯，但能夠嘗試煮個即食麵已經是很不容易的事。我們可以和家屬討論每天的生活安排，然後嘗試探討一下，最小的一小步可以做些甚麼。當家屬做得到，就多加肯定，待這一小步逐漸穩妥，再嘗試下一小步。過程中家屬仍然會重複折返失落情緒的部分，但只要堅持這「小步」的原則，有助家屬逐漸適應哀傷。

第二是**「彈性」**：傾向某一導向的家屬，需要有一份彈性去經驗另一方的歷程，例如理性的男士傾向著重復原主導，積極回復生活功能，而他無需用同等份量的時間或特定的模式去經歷失落主導的部分，而是可以透過自己舒服的方式，去嘗試抒緩壓力或情緒。男士或許不擅直接以語言表達，但他可以做運動、寫信或在洗澡時讓自己哭一會，同樣可行。

參考資料：

M. S. Stroebe, R. O. Hansson, W. Stroebe, & H. Schut (Eds.), *Handbook of bereavement research: Consequences, coping, and care* . Washington, DC: American Psychological Association.

眼淚教我的事

做哀傷輔導的工作前，我是個「不哭」的人。

嗯，所謂「不哭」，其實是「扮不哭」，或「不在其他人面前哭」的意思。從小在父母、大人面前「扮獨立」、「扮無嘢」、「扮乖女」，即使遇上不開心事，只會待晚上躲進被窩裡偷偷垂淚。不哭的原因，是因為我以為哭代表「令父母擔心」、「煩到其他人」，又或者更直接的同義詞是「軟弱」和「不夠堅強」。

沒想到，多年後的今天，在「哭」與「不哭」這話題上，我居然徹徹底底地成為了另一個人。

剛開始工作時，我已赫然發覺，要一個不哭的人，每天見證喪親家屬在面前哭，是何等矛盾和艱鉅的任務。但奇妙的是，當我鼓起勇氣，願意進一步去了解眼淚背後、他們每一個人的故事時，我發現了過去從沒有看見的一些事情。

阿牛多年前有一首歌，名叫《哭》，其中一段歌詞讓我非常感動，也令我開始初探眼淚的真正面貌：

「最苦是淚水哽在心頭流不出
就像要愛卻不懂得怎麼去愛
自己哭過後才明白
流過淚的眼睛
將生命看得更清楚

只有真正懂得付出的人
才懂得何為哭　為何哭
再堅強的心偶爾也會脆弱
心會痛　心也會感動
只有曾經真心付出的人

才懂得何為哭　為何哭
淚水要記得為真心保留
眼淚別白白的流」

「流過淚的眼睛，將生命看得更清楚」「只有真正懂得付出的人才懂得何為哭，為何哭」說得太對了。每當喪親家屬哀傷地流淚，我發現我看見的不是「軟弱」或「不夠堅強」，而是他們與親人曾為彼此真心付出的愛。看著一顆顆的淚珠隨面頰流下，嘴巴在哽咽之間仍然努力擠出對親人感激和懷念之情，我完全不覺得是懦弱的表現，反而深深感受到一份勇氣——一份願意坦然承認內心的痛苦，仍勇於面對苦難、面對生命的勇氣。

流淚的勇氣

九年前我的母親確診末期腸癌，有幸得到屯門醫院日間寧養中心醫護人員的悉心照顧。母親離世幾個月後，我獲邀重回寧養中心，以病人家屬／喪親家屬和社工的身分，分享心路歷程，希望讓醫護同工更明瞭服務對象的需要。沒想到，分享途中說到感觸處，我居然……哭了。是的，在公眾場合上，作為講者的我，居然在眾目睽睽之下哭了。我可以非常肯定，若換上十年前的我，這事是絕對無可能發生。但那天，當我感覺到眼淚開始湧進眼眶裡，我竟然意想不到地容許淚珠在那處繼續滾存，最後落下。而更意外的是，事後我沒有覺得尷尬或「很樣衰」，也沒有質疑自己不夠專業，反而感覺坦然和平靜，甚至乎有一種欣慰的感覺：以往，當我告訴家屬「哭是正常的啊」，但換自己哭時卻「死忍爛忍」，內心總覺得特別彆扭和慚愧。但今天，我真的可以接納自己的哀傷，接納自己的眼淚，說到做到。原來，我也成長了。

愛，是月光下的綿綿情話，也是病榻上的不離不棄；是激情中的海誓山盟，也是死別時的無盡思念。因為愛，所以哀傷，也因為愛，哀傷的人找到了向前踏步的力量——這些都是眼淚教曉我的事。

喪親後的常見反應

行為方面：
失眠、食慾障礙、心不在焉、社交退縮、夢見逝者、尋找逝者、嘆氣、哭泣、坐立不安／過動、避免提起逝者或看見死者的遺物、舊地重遊、珍藏遺物等

思想方面：
不相信、反覆思索有關逝者的片段、感到困惑、感覺逝者仍然存在等

身體方面：
胃部空虛感、胸口緊迫、喉嚨緊迫、對聲音敏感、呼吸困難、肌肉無力、缺乏精力、口乾等

情緒方面：
悲哀、憤怒、內疚自責、憂慮、寂寞、疲累、無助、震驚、苦苦思念、

解放、解脫、麻木等

喪親家屬出現以上哀傷反應皆屬正常，但若這些情況變得愈來愈極端，嚴重影響日常生活，甚至有傷害自己／他人的想法，就需要盡快尋求專業人士的協助。

參考資料：

Worden, W. (1991). *Grief counseling and grief therapy: A handbook for the mental health practitioner (2nd ed)*. New York: Springer.

男人的哀傷

人們常說：女人是水造的。面對哀傷，女人會用她們最熟悉的眼淚，去洗滌內心的哀痛。

那麼，男人呢？

很喜歡有一套名為《鐵道員》的日本舊電影，由高倉健飾演的鐵道員，先後經歷了女兒和太太的離世。緊扣著鐵道員的帽子，即使面對心愛的人死亡，男主角依然緊守崗位。其中經典的一幕，是當太太離世後，她的好友紛紛責備高倉健冷血：「你為甚麼不能為太太流一滴眼淚？」當時朋友們面向鏡頭，站在遠處，而高倉健就在鏡頭前側著面，冷靜地說：「我是一個鐵道員，不能為自己的私事流淚。」說罷，一顆淚珠已從高倉健的面頰流過。弔詭的是，眼淚只在鏡頭前所看見的這邊側面流下，於是在朋友們眼中所看見的另一邊側面，依舊是那個無情的漢子。

每人有每人的哀悼方式

男人之苦，就是要在別人面前裝作堅強，內心真正的痛苦卻無人明白。從小開始，男孩子已經被家庭和社會環境灌輸如何才是一個「男人」——「男兒流血不流淚」「男兒當自強」「一家之主」……男士最拿手的本領是理性分析解決問題，卻不擅長表達自己或處理情感。面對哀傷時，喪親男士會赫然發覺，那些最熟悉的方法卻偏偏派不上用場，令他們更感無助。

陳先生和太太結婚多年，一直非常恩愛。可惜陳太因癌症離世，遺下丈夫和就讀中學的子女。太太病重期間，陳生辭去工作，全心照顧，直至太太離逝後，生活驟然失去所有重心，每天都在哀傷和痛苦中渡過。

每次和陳先生面談，他也如一般男士一樣，話不多，每當講到傷心處，也只會一副欲哭無淚的模樣，沉默不語。但從他通紅的雙眼和微顫的身驅，你可以深深感受到他那份不能言喻的哀痛。

自從太太離去後，陳先生有一個不為人所理解的行徑：每天早上孩子上學後，他就會出門開始不停地走路，從大角咀的住處走到旺角，再由旺角走到長沙灣，到下午四五點，他就依時回家，買菜煮飯。第二天，他又開始出走，走不同路線，去不同的地區。走壞了幾對鞋，弄得雙腿瘦軟腳腫，但他仍日復日的走。身邊親友都非常不解，紛紛勸他回復正常生活，更擔心他精神恍惚下到處遊蕩，容易發生意外。

有一次，在輔導室裡，我們談到這個特別的行為，他才剖白當中的原委。他不停地走遍各區，並不是漫無目的，而是他懷緬太太的方式：走到九龍城那街市，他會走到太太最喜歡幫襯的豬肉檔前，回想太太曾在那處出現過的身影；走到旺角那間快餐店，他會坐在熟悉的座位上，細味和太太在這裡用餐的經過。原來，每到一處地方，他就回憶起太太在那裡留下的一顰一笑。

那份情深，叫人觸動。

明白了他哀傷的方式，我選擇不去阻止他，相反，我們面談時回顧起每一段路程、當中所牽起的思緒，又共同計劃下一次的「行程」。過程中，透過點點滴滴的片段，他重新檢視了過去的回憶，也整理了與太太的關係。

就這樣，過了好幾個月。直至有一次，我們又再次進行這樣的討論。這次，他沒有好像平常一樣侃侃而談，而是靜默了一會，突然冒出一句：「唔……其實這樣重重複複的走，是否有點無聊呢？」

意想不到的轉機來了。

我按捺著內心的雀躍，平靜地問他：「那麼，你認為做些甚麼會比較有意思呢？」他想了想說：「嗯……其實我也未算太老，是否……是否應該重新找工作呢？」於是，我們開始討論不同的可能性。後來，他報讀再培訓課程，重新投入職場。

原來，面對喪親，每個人都有不同的哀傷方式和步伐。男士或許會無言，或許會專注解決生活上的問題，又或者以不同的行動去宣洩壓力，但他們都正努力地以自己的方式應對哀傷。多一點明白，才可以讓他們在哀傷路上多添一份力量。

男士如何面對哀傷？

- **閱讀有關喪親的資料：**這應該是男士最容易嘗試的方法之一，透過掌握資訊，男士可以了解如何面對哀傷，並獲得更多掌控感
- **找合適方式紓緩壓力與情緒：**寫日記、做運動、行山都是常見方法
- **找信任和明白你的人傾談：**說出自己的感受和想法是自我療癒其中一個重要部分，有需要亦可以諮詢有關專業人士
- **相信哀傷並不是懦弱的表現：**哀傷其實是愛的表現，表達哀傷更是勇敢的行為
- **相信自己能在哀傷中成長：**經歷哀傷，重新學習面對自己，並成為一個更有感情、有血淚的男人

參考資料：區祥江、曾立煌（2002年），《男人的哀傷》（突破出版）

第四章

哀傷的第三課：建立心的聯繫

死亡帶走了生命，卻不能帶走我們的愛與回憶。

縱然觸不及，聽不到，也看不見，但親人仍然以某種方式，存活在我們的生命當中。

就帶著這份感覺，走往後的路。親人一直都在我們身邊。

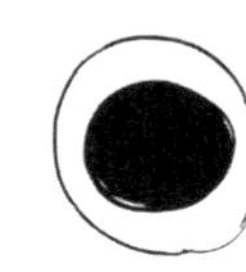

觸不到的連繫

「都咁多個月啦，仲喊？唔好再諗啦……」

「人都死咗，掛都無用啦……」

親人離世，很多人都會勸喪親家屬忘記過去，接受現實。但事實是，死亡結束了生命，卻不能結束與親人的關係。

電影《與正念同行》（*Walk With Me*）是一部關於一行禪師的紀錄片。一行禪師曾獲提名諾貝爾和平獎，一直推動以「正念」面對此時此刻的生命。電影中有這樣的一幕：小女孩問禪師「我的小狗死了，我怎樣才可以不傷心？」

一行禪師答：「我們抬頭望上天空，看見白雲。白雲很漂亮，我們都很喜歡看見白雲，於是當雲散了，我們會傷心，因為再看不見白雲。但其實白雲從未消失，白雲會化成雨水，再滋潤大地。因此當你喝茶時，細看杯中的茶，你會看見，雲就在當中。」

多美麗的畫面。

這就是文獻中「延續的心靈聯繫」（Continuing bond）的概念——死亡雖然帶來肉體上的分離，但我們仍然可以與親人維持心靈上和情感上的聯繫。這種「延續的心靈聯繫」是喪親後常見的現象，透過合適的連繫方式，與親人同在的感覺可以轉化成正面的象徵意義（例如「親人會保佑我」「親人的愛陪著我繼續向前走」等），有助過渡哀傷。

有喪親家屬會期待在天家再次重聚；有家屬燃燒紙紮供品，讓親人在另一個世界裡衣食無憂；有些人會把親人的遺物或相片帶在身邊，感覺就好像與對方同行；也有些人努力為親人完成遺願，好讓對方安心；還有腦海中過去美好的回憶、彼此相連的血脈、牢牢記在心中的教誨、清明節掃墓、早晚為親人上香、夢中的重遇、種種奇妙的巧合事件等，往往都讓我們感受到與親人的那份心靈上的聯繫。我就經常聽到有喪親家屬會對著突然出現的蝴蝶和飛蛾，娓娓道出內心對親人的思念，甚至有小朋友不讓家人踩死家中的甲由，說那是爸爸！偶然抬頭望向天空，心裡念起去世了的父母，我也會對著天空默默在心裡向他們傾訴，彷佛他們就在天邊的另一端，細聽我的說話。

人走了 愛無處不在

自丈夫離世後，身邊人總嘗試勸解小麗要放下思念，為了女兒努力生活。可是，這些說話沒有令小麗感到安慰，也沒有減少她對丈夫的懷念，只令她更覺不被明白，倍添孤單感。

有天，小麗一個人來到金鐘，呆呆地坐在夏愨花園，感到百般滋味在心頭……想起以往與亡夫每次路經金鐘，都喜歡在這公園裡靜靜坐下，享受在這繁華都市中難得的一點恬靜。憶起往事，思念著亡夫的種種，突然悲從中來，眼淚不能自控地流下來。

忽然間，有一股不知道哪裡來的力量，還是不知名的第六感，好像叫自己抬起頭來。小麗不以為然地、緩緩地把頭抬起，眼神漫不經心地投向馬路那邊。就在這個時候，同一個空間當中，她看見了一輛迎面駛來的雙層巴士。

奇妙的事發生了。就像很多巴士一樣，巴士車身繪印了一套電影的廣告。那是一套荷里活喜劇電影。偌大的廣告標語，只有幾個字寫道：

「我……

我要……

我要你……

我要你笑！」

時間好像在那刻凝住了。望著那幾個字，那個似乎是來自天上的訊息，小麗的心融化了。眼淚依舊流下，但那是感動的眼淚、欣喜的眼淚。雖然別人完全可以用理智解釋這一連串的巧合，但那都不重要了，重要的是，小麗真實地感覺到丈夫就在身邊守護著，並希望她安好，繼續好好地活著。望著頭上的一片藍天，就在心裡，小麗默默地向丈夫許下了這個承諾。

因為有愛，成就了彼此的關係。即使分離，也不能切斷，就連死亡也不能。

不用迫自己「放下」逝者

早期有關哀傷的文獻中，包括精神分析大師弗洛伊德（Sigmund Freud）等學者都認為，面對喪親，就需要將與逝世親人之間的情感聯繫割斷，放下對過去的連結，再投放在新的關係上，才算是「完成處理」哀傷，否則可能被視為「病態」。

經過多年的理論和研究發展，研究人員和學者推翻了這看法，並提出新的概念。很多不同的研究都發現，普遍喪親家屬會透過行為、回憶或感受，去延續與親人的關係，也就是「延續的心靈聯繫」的概念：面對喪親，家屬不需要，也不可能把感情切斷。感覺與逝者有延續的心靈聯繫是正常和常見的哀傷反應，透過合適的聯繫，更可幫助喪親家屬健康地過渡哀傷，帶來心靈上的慰藉。

參考資料：

Klass, D., Silverman, P. R., & Nickman, S. L. (Eds.) (1996). *Continuing bonds: New understandings of grief*. Washington, DC: Taylor & Francis

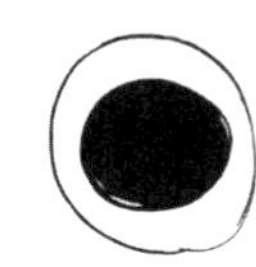

在回憶裡長存

回憶往事，對很多人來說是不必要的，甚至被認為是逃避的藉口：「過咗去就唔好諗啦！」「仲諗？愈諗咪愈傷心！」

其實不然。

回憶有幾個重要的功能。首先，面對回憶並感受過程中所帶來的情緒，其實是哀傷歷程中一個正常的部分，它容讓我們釋放情緒，並幫助我們建立與親人心靈上的聯繫。我們在抒發情緒和懷念當中，只要按自己的步伐，逐步回復正常的生活規律，回憶其實並不會帶來負面的影響，反而是處理哀傷其中一項重要的環節。

此外，回憶起逝者的美好時光，可以幫助我們平衡在親人離世過程中一些令人難受的影像。舉例說，一些照顧者會因為經常記起親人在患病期間辛苦和消瘦的模樣，甚至被這些揮之不去的影像纏繞，而感到非常痛苦。鼓勵他們多回想親人仍然健康快樂的模樣，可以是一個有效的應對方法。

最後，回憶過去，我們同時也在回顧親人的人生，以及我們與親人彼此的關係。檢視和整理這些片段的過程中，若我們可以為親人的人生，或彼此的關係予以肯定，並得出一個正面的總結，可以幫助我們更安然地接受親人的死亡。例如有些喪親家屬認為，親人生前已盡力完成他的責任，再沒有甚麼遺憾；又有些家屬覺得在人生路上可以遇上一位彼此真心相愛的人，感到滿足和感恩。透過回顧過去而衍生出的這些想法，都讓我們在面對親人的離世時多一份平安。

回憶，對很多喪親家屬來說，更是一個珍貴的寶庫。裡面裝有的，是與親人的難忘片段，也有甜蜜溫馨的快樂時光，一點一滴都是親人曾存活於世上的印證，記錄著我們曾一起共行的足跡。

好好記住他／她存在過

阿芳的丈夫因意外離世，過了一段時間，她開始重新投入社交活動，但她卻發現了一個奇怪的現象，就是每當觸及一些和丈夫有關的人和事時，親友們都會忽然轉換話題，避而不談。她笑說，情形就好像電影中出現不雅用語時被「嘟」一樣滅聲。她明白親友們的苦心，不想觸及她的傷心處，但事實是，這樣的做法讓她更感難受。她不明白，為甚麼一個人死去，我們就要把他的生命有如黑板上的粉筆字般一併抹去，彷彿他從未活著一樣？對於阿芳來說，她更希望丈夫的事蹟被人記得，他的好被人懷念，讓她知道丈夫的生命並沒有白過。

這是很多喪親家屬的心聲。值得我們記住的回憶實在太多：對失去子女的父母來說，可以是發現懷孕時的驚喜、產檢時第一次聽到的心跳聲、照超聲波時看見孩子在屏幕上的躍動、生產時痛苦和感動的交織、孩子在成長路上所有的第一次，還有每個讓父母感到驕傲的時刻。對於伴侶來說，他們第一次相遇時的觸電感覺、第一次牽手時的怦然心動、求婚時的山盟海誓、共同面對人生低潮時的互相扶持，甚至是日常生活裡的無聊逸事……每當喪親家屬分享這些片段時，嘴角都會泛起一絲久違了的笑意。

就算是上了年紀的喪偶長者，我也會問相同的問題：「你們是如何認識的？」當然，大部分的回覆是「我哋嗰個年代，邊有咩拍拖談戀愛！都只係父母安排的盲婚啞嫁！」但每次我都不會死心，繼續追問：「咁媒人婆安排咗婚事後，你又點做？」而每次我都會聽到充滿驚喜的回答。

白髮蒼蒼的老伯伯告訴我，他如何跑到鄰村，偷偷看一看自己的未來老婆——他會躲在叢林後，遠遠偷望在河邊洗衫的那位妙齡少女……嗯，她就是我的新娘子。他還清楚記得，當時眼前的這位少女穿著的是甚麼衣裳，頭上梳著一個怎樣的辮子。每每聽到這裡，我都非常感動。眼前這位老人家所分享的，是一段幾十年前、超過半世紀的回憶。我敢說，若不是在這裡再提起，或許這段往事就會從此煙滅。看見伯伯一邊分享，一邊流露的靦腆笑容，我就知道，這段半世紀前的往事，是應該被記得，也是值得被記住。

這個寶庫裡，沒有價值連城的寶藏，卻有連金銀珠寶都買不回的東西。回憶，或許會帶來苦澀的眼淚，但伴隨而來的，還有快樂的片段、濃濃的愛，以及無人能取代的一段關係。回憶中那份既苦且甜的感受，是複雜的，也是真實而寶貴的。

壓制回憶　反彈更大

哀傷輔導專家 Therese Rando 認為，如果喪親家屬愈嘗試壓制回憶，回憶反而會產生更具破壞力的力量；相反，當家屬可以按自己的步伐，順其自然地回想過去的片段時，喪親家屬會同時感受和釋放情緒，而回憶的強烈程度也隨之而緩和。

舊相簿、舊影片、重遊舊地、為親人製作回憶錄、寫日記等等，每位喪親家屬都可以選擇自己舒服的方式，回顧和記錄對親人的回憶。至於一些具創傷性的回憶，家屬需小心處理，有需要可以諮詢有關專業人士作輔導跟進。

參考資料：

Rando, T. A. (1993). *Treatment of complicated mourning*. Champaign, IL: Research Press.

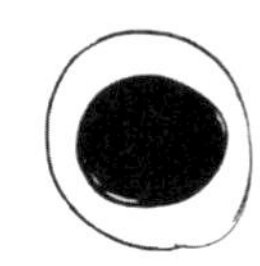

如何處理遺物？

潮流與「斷捨離」。的確，家居環境是心靈空間的寫照，在真實世界中我們對物件的態度，往往反映心理上我們對一些人和事的想法。看過一些收納專家的分享，都認為遺物是其中最難處理的項目。我不太懂得收納的學問，但想從輔導的角度分享一下對遺物處理的一些觀察。

首先，處理遺物沒有既定的時間表，除非有特別原因，否則喪親家屬可以按自己的步伐安排。有些人因為強烈的情緒牽動，不敢即時接觸遺物，而選擇待情緒較為平復後才開始處理，都可以是合適的做法。處理遺物的第一個步驟，是先處理較容易決定去留的物品，家屬可以先丟掉不再合用或必然不會保留的物件，例如已破爛的物品、親人生前用的醫療器具等。其次是一些較大型的家具或電器，亦是較容易安排扔棄、轉贈或留用。下一步，是一些必然保留的物件，例如是有紀念價值的首飾、相簿等。

最後，就是處理那些「去與留之間」的物件，也是最容易讓人懊惱的部分。家屬可以將這些物品存放在一個大紙箱或膠箱內，在封口貼上一年後的日期，然後將箱子放置在家中一處不顯眼的位置，待一年後重開箱子，再決定物件的去留。若發現在這期間，當中有些物件家屬經常取出翻看或懷念，或許這就是一些值得保留的物品，否則，家屬就可以考慮扔掉或轉贈。有需要時，家屬也可以選擇將物品再放置一年，再作決定。

處理遺物的同時，我們其實也在處理對親人的哀傷和思念。

一場大型交通意外同時帶走了小芬的雙親，令她悲痛欲絕。每當思念父母的時候，小芬就會回到舊居，一邊收拾舊物，一邊回憶過去與父母生活的點滴。她會從一個抽屜開始：拿起父親的老花眼鏡，想起父親瞇起眼睛，認真地看報紙的神情；打開母親的針線盒，又想起母親為她修補破襪子時的那份慈祥。接著，她又到另一個衣櫃，重複相同的過程，直至她「收拾」過整個房子的所有物品。原來這是一場療癒的過程，眼淚縱然會流下，但她發覺，收拾遺物的同時，她也在收拾自己的心情。每一件物件，她都會逐一細看、回憶、感受，最後放下。每一次，她只處理家中的某一小角落，但每次離開家門時，她感覺步伐也會放輕鬆了一點。

很多人會因為思念親人而不捨得丟掉親人的物品，這絕對是可以理解的心情。前文曾提到，與親人建立心靈上的連繫是哀傷歷程中健康而正常的一部分。研究顯示，喪親家屬愈能以內化的象徵意義（而非透過物件）來懷念親人，就愈能以健康的方式過渡哀傷；當這份心靈上的連繫是透過內心轉化而建立，我們要透過實物作悼念的需要就會減少。我們亦可以選擇一小部分的遺物作為連繫物件（linking object），並為這些物件賦予意義，也可以成為心靈上與親人連繫的一道橋樑。

瑪莉的未婚夫於婚禮前因意外突然死亡，記得第一次和她見面時，她攤開左手，指著無名指上的戒指，悲慟地告訴我，雖然未及成婚，但她已視未婚夫為自己的丈夫。哀傷輔導的初期，訂婚戒指一直牢牢地圈在瑪莉的無名指上，伴隨著她細訴對未婚夫的思念。到後期，她開始思考自己未來的人生：「我知道未來的路仍然很長，我也知道自己要獨自繼續走下去。我心裡清楚明瞭，沒有人能取代我的未婚夫，但同時也明白，我應該開放接受生命中不同的可能性。這隻戒指……我是否要繼續戴在手指上呢？」

到下一節會面時，我察覺到戒指沒有再出現在瑪莉的無名指上，而是換了一個地方：以頸鏈掛在她的心頭上。直至有一天，我再看不見戒指的蹤影。瑪莉說：「與未婚夫的這段關係是我生命裡最寶貴和重要的經歷，無人可以改變我們對彼此的愛。我知道，我再不需要甚麼去證明我們的感情，他已經成為我的一部分，陪我走以後的路。」當我們找到遺物背後的象徵意義，甚至將它內化，成為自己的一部分，我們會發現思念不再需要形式化的物件，因為親人就住在我們心裡。

逝者的最後訊息

曾經看過一位專業居家整理師的訪問，她說遺物是逝者想告訴我們的最後一件事，令我想起外子和他爸爸的一個小故事。老爺離世後，外子回到老家整理遺物，順便為爸爸挑選一件最後穿在身上的衣裳。其實老爺的西裝不多，外子挑選了其中一件最常穿的「飲衫」。他不經意然地在口袋裡摸了一摸，發現西裝袋裡有一張小紙條，他順勢拿出來一看，原來是外子十多年前碩士畢業典禮時的入場券券尾！若果遺物真的是逝者想告訴我們的最後一件事，我猜，老爺想告訴外子的，就是他多麼以自己的兒子為榮。

整理遺物的確是不容易的過程，但若然我們的視野能夠超越眼前的物品，嘗試在生死之間、與親人彼此的愛和關係當中，去領悟和發掘背後的意義，或許我們就能夠以更輕省、更安然的態度去處理遺物。

甚麼紀念方式「有問題」？

很多人會透過遺物或其他方式，建立與親人心靈上的連繫。但有些做法卻讓身邊人感到疑惑或憂慮，例如繼續照樣打掃親人的房間、在飯枱上放置親人的碗筷等，這些情況有沒有問題呢？

哀傷輔導專家 Therese Rando 認為，我們不應單靠行為本身決定，而是要考慮兩個因素：

1．家屬是否對現實狀況有足夠的認知能力，並確認死亡的發生？

例如一位有幻覺的精神病人，看著親人的照片，可能仍然幻想親人存在；另一方面，一位家屬清楚認知親人的死亡，但只是希望在飯枱上放置親人的碗筷，作為懷念的儀式，兩者就大有分別。

2．家屬的做法會否對日常生活帶來影響？

例如家屬繼續維持親人房間的原貌，但家居環境有足夠空間，沒有影響其他家人的生活安排，而家屬其他生活模式亦正常運作（照常上班、社交生活正常等），那麼此做法似乎對當事人並沒有太負面的影響；相反，若家屬只打掃親人的房間，但家中其他地方卻骯髒凌亂，並斷絕一切社交，那麼情況就明顯需要關注。

其實建立與親人心靈連繫是一個合理和正常的歷程，家屬需要的是發掘更多可能性，並轉化成「健康」的連繫方式（宗教、有意義的儀式、美好回憶、具象徵意義的連繫物件等），為哀傷路上多添一份力量。

資料來源：
Rando, T. A. (1993). *Treatment of complicated mourning*. Champaign, IL: Research Press.

第五章

哀傷的第四課：失去後的生活

澎湃的情緒慢慢地沉澱，生活仍然是要繼續的。

情緒的高低跌宕逐漸緩和，但喪親家屬繼續要面對很多不同的挑戰：生活模式的改變、人生觀和價值觀的轉化、學習新的生活技能、重新發掘新的興趣、新的人生目標……

哀傷路上彷彿寸步難行，但回頭一望，卻已過了萬重山。

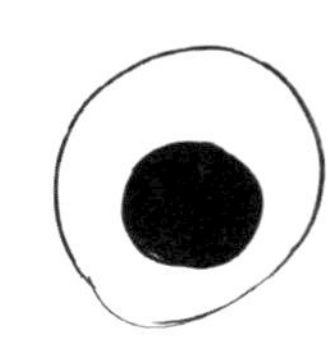

失去伴侶後，我學會……

家中的電箱突然跳掣，全屋漆黑一片。媽媽擁著女兒，不知所措，更忍不住哭起來……

這是我從喪偶女士們口中經常聽到的故事。事實上，令她們感到彷徨無助的處境還包括換燈泡、水喉漏水、廁所漏水、電器壞掉等。或許別人看來，這些都是雞毛蒜皮的小事，「使唔使咁大反應呀？」但對於喪親家屬來說，這些是實實在在的經歷。

一段婚姻結合，夫婦二人會分工合作，各自負責家中的不同職責，例如丈夫負責上班工作、簡單水電維修、擔擔抬抬、交水費電費管理費，太太就負責照顧子女、功課溫習、家務清潔，還有煮飯洗衫。於是，當其中一方不幸離世，剩下那人無可避免地需要接管所有工作，包括那些從未接觸過的事情。不難想像，由剛開始時的茫無頭緒、無從入手，到屢試屢敗又屢敗屢試，箇中的辛酸的確難以言喻。事實上，對於喪偶女士來說，令她們最感沮喪的，不只是跳了掣的電箱或燒掉了的燈泡，還有事件背後，她們對自我的質疑：「我連一個燈泡都弄不好，我真的有能力一個人帶大孩子嗎？」彷徨、無助、焦慮、自我懷疑，這些都是她們最真實的感受。

男士呢？

聽過一位喪偶的男士分享，太太離世後，他和女兒度過了漫長的暑假。九月一日開學，食完早餐梳洗過後，唸小學的女兒走到父親跟前，說：「爸爸，快些幫我梳辮子，快遲到了！」「嗯……」男士手執女兒的頭髮，弄得滿頭大汗，仍然茫無頭緒。和換燈泡的太太一樣，令這位爸爸所懊惱的不只是眼前女兒那一撮頭髮，還有女兒在成長路上各種大小挑戰：青春期的生理變化、亭亭玉立後的少女心事，還有女性用品內衣褲……我這個粗枝大葉的大男人如何應付？除了照顧年幼子女和做不完的家務，喪偶男士的挑戰還有永遠找不著的某件衣物、全有破洞的舊襪子、掉了鈕扣的恤衫，還有換季時凌亂不堪的衣櫃。

一小步一小步走下去

另一個有趣的觀察是，男女之別更在於他們面對這些挑戰時的處理方式。大部分女士們對著燒掉了的燈泡，往往會先哭一大場，然後就一把眼淚一把鼻涕地嘗試自己完成。男士嘛，不懂煮飯嗎？那就叫外賣吧；不懂洗衫嗎？那就拿去洗衣舖吧；家務處理不來嗎？那就請家務助理吧；不懂紮辮嗎？那就……乾脆替女兒剪短頭髮吧！無論是先情緒後面對的處理方式，還是跳過情緒最緊要解決問題的理性態度，每一位喪親家屬都用他們自己的方式，努力嘗試應對生活上的每一個大小問題。

每一件看似無聊的瑣事：第一次成功更換電燈泡、第一次拆風扇清洗、第一次自己煮成三餸一湯、第一次替女兒梳的辮子不再東歪西倒……都是喪親家屬努力踏前的印記，標誌著他們無比的勇氣，值得被欣賞和肯定。記得有一位喪偶女士告訴我，她的其中一件「豐功偉績」就是自己單獨處置了一隻大甲由！「以往在家中看見甲由，就一如其他女士，我都會馬上大喊『老公』，然後躲進房間裡。到今天，只剩下我和兩個女兒，我還可以倚靠誰呢？於是，我只好硬著頭皮，大著膽子，付出了我的第一次！說起來難為情，叫人貽笑大方，但這的確是我人生中的一件大事！」

哀傷路上，一步一淚。每一步縱然如何微小，但只要一路走下去，有一天當我們回頭一看，原來我們已走過了最艱難的一段。

喪親後的成長

研究顯示很多家屬經歷喪親後，都會經歷各方面的個人成長，包括：

- **自我方面：**家屬會感到更有自信，對自我的能力更肯定；
- **人際關係方面：**更珍惜與家人的關係，更懂得以同理心關懷別人；
- **人生觀方面：**對生命有更多反思，對人生意義有更深切的體會。

因此，喪親不應該單純地被視為人生的負面經歷，事實上，它還會帶來正面的學習和改變。

參考資料：

Calhoun, L. G. & Tedeschi, R. G. (Eds.) (2006). *Handbook of posttraumatic growth: Research & practice*. Mahwah NJ: Lawrence Erlbaum Associates Publishers.

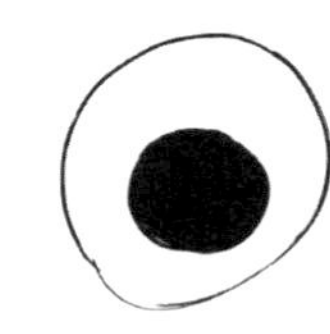

尋找活著的意義

對很多人來說，思考人生意義實在是「堅離地」的問題。「人生意義？食得㗎？我仲要搵食㗎！」大概是香港人最典型的回應。但對於喪親家屬來說，重新思考人生意義是他們非常「貼地」、且經常被正面衝擊的課題。

從小到大，我們或多或少都會受家庭和社會環境灌輸一些關於人生的價值觀：「做人要未雨綢繆」「一分耕耘一分收穫」「只要努力付出，就可以得到回報」……這些「做人的道理」一直成為我們成長和生活當中的指引。可惜死亡發生後，很多家屬赫然發覺，這些自小深信不疑的金科玉律突然不再成立，甚至被推倒得蕩然無存。「我老公係一個咁好嘅人，努力工作，孝順父母，照顧仔女，點解佢要受病痛嘅煎熬？點解佢要咁早死？」「我一直努力賺錢，節儉生活，就係想供個仔去外國讀書，而家一個意外就攞咗佢條命，咁我以前死慳死抵為咗啲咩？」「冇咗我老公，我生命當中最重要嘅人，我嘅人生仲有咩意義？」

我沒有答案，又或者，他們根本不需要我的答案。在他們與我見面之前，我相信已經有一百個人向他們說過一百個答案，然而那些都不是他們心目中所期待的。他們最需要的，是經歷自己的人生歷程，去尋找屬於自己生命的答案。

學習面對生命的苦難

阿欣的母親因受癌病的痛苦煎熬，最後自殺離世。阿欣一方面感到悲痛難過，另一方面，她對生命感到困惑和質疑：生命為甚麼會充滿苦難和不公？若生命的最後結果只是死亡，那麼當下活著的這一刻又是為了甚麼？

有一次，阿欣經過行人路，發現了一朵小花，正沿著路邊溝渠中那狹小的縫隙徐徐向上生長。她不禁呆了眼，默默站在行人路上駐足觀看。在輔導室裡甫坐定，她就問我一連串在心裡正反覆思量著的問題：「為甚麼生命這麼不公平？有些花可以成為溫室中受保護的小花，有些花可以漂漂亮亮的插在花瓶裡供人觀賞，有些花就在大草坪上自由地生長，為甚麼這棵花這麼下賤，要在溝渠邊掙扎求存？這朵花會投訴生命的不公平嗎？這花會問為甚麼嗎？這花活著的意義又是甚麼？」

子非花，又焉知花之謎？借花之名，阿欣問了她對生命最大的不解。縱然有很多未能解答的疑惑，在跌跌碰碰間，阿欣仍然很努力在哀傷路上向前走。一路上，她繼續探索和發掘她所期待的答案。

直至有一天，再次聊起當天那棵溝渠邊的小花，阿欣突然若有所思，說：「或許，那花並不會問為甚麼，也不會對生命的不公平而自怨自艾。它只會努力地在空氣中朝陽光處生長，盡情地在泥土裡吸取有限的水份。或許……或許『活著』並不為了甚麼……或許努力地『活著』，本身就是『活著』的意義。」阿欣露出了由衷的笑容，吸了一口深呼吸，緩緩地呼出空氣，似乎在感受著當下「活著」的感覺。

我為阿欣終於找到她的答案而感動。面對生命中的苦難，我們實在有太多太多的不明白，但一次又一次地，我見證喪親家屬在哀傷中尋覓到屬於自己的出路。

曾經有一位喪親家屬作過這樣的比喻：「人生，原來就好像拼圖一樣。當我們砌拼圖時，我們都總會捨難取易，先挑選那些色彩繽紛、圖案清晰的部分開始。但當完成了鮮艷好看的那些部分後，我們總得要面對那些難砌的地方，那些陰陰暗暗的、黑黑沉沉的部分。生命的本質就是這樣：原來我不能只想要漂亮美麗的版塊，而拒絕陰暗困難的部分，因為兩者都必需要共同存在，我這幅生命的拼圖才會完整。」

生有時，死有時，快樂有時，悲傷有時。學習接納生命中每一個孰好孰壞的經歷，尋找繼續活著的意義，是每一位喪親家屬需要上的課。

活出意義來

維克多・弗蘭克（Viktor Frankl，1905-1997年）是一位奧地利精神科醫生，第二次世界大戰期間曾被送進集中營。戰爭過後，透過集中營悲痛的經歷，他創立了「意義治療」（Logotherapy），協助受助者領悟自己生命的意義。著作*Man's Search for Meaning* (1972)，中文譯本《活出意義來》，就是他其中一本經典著作，以下節錄書中一些名言：

"He who has to a why to live for can bear almost any how." -- by Nietzche
「人若能找到活著的意義，便能承受一切苦難」——尼采

"Ultimately, man should not ask what the meaning of life is, but rather he must recognize that it is HE who is asked... each man is questioned by life; and he can only answer to life by answering for his own life; to life he can only respond by being responsible."

「最終，人不應該問：人生的意義是甚麼？相反，他必須覺察到，他本身就是被詢問的那個人……每個人都被生命查問，你為你的生命賦予了甚麼意義？而人只可以透過自我承擔，肩負起這個責任，去回應生命的這個問題。」

參考資料：
維克多．弗蘭克（Viktor Frankl）（1972），《活出意義來》（*Man's Search for Meaning*）

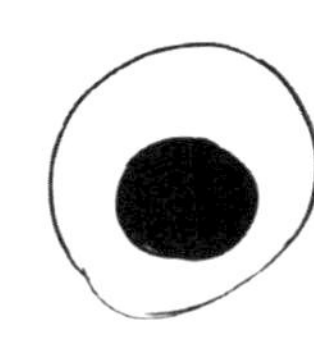

劇本變了，也要演下去吧！

我們都在寫自己的人生劇本：「我的孩子剛出生，我只希望他健康快樂地成長。我不會做怪獸家長，最好到國際學校唸書，不會有太大壓力，再大一些，或許送他到外國留學。學成回來找一份安穩的工作，我和老公就可以好好享受退休生活，到處旅行……」有些人需要周詳計劃，有些人喜歡率性而為，但每個人或多或少都會構想自己的故事，並期望人生會按照劇本的內容發展下去。

但如果死亡在過程中發生了，原本預設好的劇本就突然被廢掉，不能再用。這解釋了為甚麼家屬在喪親之後，會感到不知所措、焦慮和害怕，因為事情發展已偏離了原先的構想，故事主角根本無法再演下去。

多年前某電視台的處境劇，曾有一名資深演員在拍攝期間死亡」。劇本已寫好，劇集拍到一半，其中一位演員突然離世，原本已寫好的劇本便無法再拍下去，於是唯一的應對方法，就是改劇本。修改了劇本，重新交代新的劇情發展，餘下的演員才能繼續演出。

同樣道理，喪親家屬面對再沒有親人的人生，他們需要做的，就是修改自己的人生劇本，好讓自己繼續走下去。新的故事內容不會從天而降，也不會無中生有，而是透過日常生活的點點滴滴，逐小逐小地演化出來。

在新劇本中尋找自己角色

王太是一位賢良淑德的妻子，婚後專注相夫教子，結婚廿年來一直過著平靜而快樂的日子，沒想到丈夫離世後，她的人生出現了徹徹底底的巨變。習慣依賴丈夫的她，一下子要扛起家中大小責任，感到前路茫茫，又彷徨又無助，更覺得自己無可能做到。一天，她在回家的路上走經一條行人路，路面正在修葺，原本的康莊大道變得高低不平、滿佈碎石。正當她小心翼翼地走過時，前面迎面而來有一對母女，那位母親不滿地投訴：「邊個掘到條路咁鬼爛，點行呀！」身邊的小女孩天真地回答：「媽咪，條路幾難行都要行㗎啦，唔係點返屋企呀！」

這句話深深印進了王太的腦海裡。

回到家中，王太望著掛在牆上的全家福，「條路幾難行都要行㗎啦，唔係點返屋企……」她又想起了這句說話。丈夫已經離開了，但這個家還有兩個兒子和她自己。是的，為了兒子，為了自己，為了這個「屋企」，路幾難行還是要走下去。

有一次，她告訴了我一個看似平平無奇，但對她卻是意義深遠的經歷：「那天，我一個人走進茶餐廳，要了一杯凍奶茶和西多士。看似簡單不過的事情，但對我來說，是我第一次不需要顧及丈夫和兒子的喜好，單純地走進一家我喜歡的餐廳。坐下後，我沒有思前想後，考慮丈夫愛吃甚麼菜色，兒子又討厭甚麼食物，就是這樣，我想也沒想就叫了我最鍾情的凍奶茶和西多士。我一邊品嚐下午茶，一邊享受著那久違了的、屬於自己的獨處時間。沒想到，似乎，我找回了一些屬於我自己的東西。」婚後從未工作的她，後來更嘗試應徵成為餐廳侍應。最初幾天，她因為不習慣一整天站立，雙腿痠軟疼痛不堪，腳趾甲甚至變成瘀黑色，但她知道，為了這個家，「條路幾難行都要行喋啦」。

對於很多傳統女性來說，她們的人生劇本大多是「未出嫁時，做個好女兒；結婚後，做個好妻子；生孩子後，就做個好媽媽。」我問：「那麼你自己呢？你自己又想怎樣？」她們往往茫無頭緒，從來沒有考慮自己的喜惡和需要。於是，當失去親人，她們隨之失去了當中的一些重要身分和角色，對自己的人生更感迷惘。唯有重新發現自己，重新發現人生中其他重要的人和事，我們才懂得透過愛自己，和愛身邊的人，繼續我們人生下半場的故事。

一 資深演員陳鴻烈在電視劇《畢打自己人》飾演「大閆生」，二零零九年於拍攝期間，突然心絞痛猝逝，終年六十六歲。

喪親後的「意義重構」

Robert Neimeyer 教授是近代專門研究哀傷的學術權威，他所提倡的「意義重構」（Meaning reconstruction）哀傷輔導模式非常具代表性。他認為喪親家屬並不會按照那些傳統的哀傷模式，統一地以線性或階段性的形式經歷哀傷。相反，哀傷應該是一個極度個人化的經驗。「意義重構」模式有以下重點：

- 每個人會按照其家庭、社會及文化環境等因素建構屬於自己的人生故事，例如「我的家庭美滿，我是個幸福的人」；
- 死亡會衝擊我們對自我和世界既定的敘述，因而令喪親家屬感到無助和無意義，例如「為甚麼發生在我身上？為甚麼世界如此不公平？」；
- 喪親家屬需要就自我和世界重新作不同的演繹，改變自己的人生劇本，並將喪親經歷融入當中，例如「我明白人的渺小、人生的無常，我仍然有愛我的人，值得我繼續生存下去」。

參考資料：

Robert Neimeyer (2006). *Lessons of Loss: A Guide to Coping*. Published by Center for the Study of Loss and Transition.

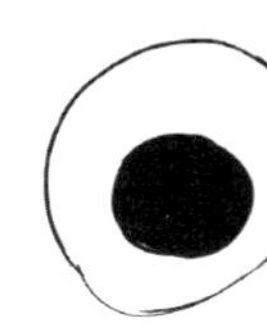

再婚？不再婚？

喪偶人士應該如何考慮重新開展感情生活，甚至作下再婚的選擇？這是一個非常敏感且具爭議性的話題，然而相關的資訊及討論卻並不常見，因此我特別希望在這裡探討一下。

對於再婚，人們普遍存在兩種極端的態度。有些人以為「介紹個人畀你啦」是「處理」喪偶哀傷和寂寞的良方。但事實是，喪親家屬都需要經歷自己的一段哀傷歷程，才能逐步接納摯愛死亡的事實。若喪偶人士並未妥善地回應哀傷的需要，卻嘗試以尋找「代替者」作為再婚的目的，不但對新的伴侶極不公平，更會對雙方都帶來傷害。曾聽過一位喪偶男士分享，當他重新開始嘗試與異性約會，試過好幾次開口叫對方時，都不期然地說出了太太的名字。這令他猛然發現，原來自己內心深處還是很眷戀太太，也令他重新檢視自己是否真的準備好迎接新戀情。

另一邊廂，亦有人會質疑，再婚是對離世配偶的背叛，乃寡情薄倖之舉。提出指責之前，或許我們首先需要明白一些喪親家屬常見的心態。很多人都希望盡快以解決問題的思維應對喪親後的生活，就如前文曾提及，不懂煮飯的喪偶男士會買外賣，不懂做家務的會聘請家務助理，那麼感覺孤單寂寞又可以如何「解決」？對於部分男士來說，或許他們仍然非常思念亡妻，心裡也明白沒有人能取代過去太太的位置，但重新開展與異性朋友交往，甚至發展新的感情生活，是他們嘗試應對眼前生活難題的方法。

我也聽過一位年輕的喪偶女士說過，縱然她日後可能會再發展新的感情，但她不會再結婚，因為她希望一直維持著作為「亡夫的太太」這身分。由此看來，喪偶人士內心真實的感受往往既複雜又微妙，當中困苦和矛盾之處實在不足為外人道，我們實在不能，也不應該單憑某一行為而作出批判。

先處理哀傷　再選擇如何走下去

當然，我無法在這裡涵蓋所有喪偶人士的想法和心態，畢竟每一個人的哀傷、性格特質，以及所面對的處境等，皆不盡相同，大家都只能按自己的心境和需要，為自己做最合適的選擇。從哀傷輔導的角度出發，我會建議喪偶人士先容許自己有足夠的空間和時間經歷哀傷，在過程中逐步消化配偶離世的事實，表達哀傷和思念，再慢慢適應生活上的不同變化。當喪偶人士能夠妥善處理自己的哀傷，心態上亦準備好去迎接生命中更多的可能性，再加上與家人有足夠的溝通，另一段緣分的降臨絕對可以是一份美好的祝福。

帶著過去與配偶的那份感情，又面對新的一段關係，應該如何自處？曾聽過一位喪偶男士這樣形容自己的狀態：「過去與太太的經歷、對她的愛和感激，都是真實確切地存在和發生過。就好像電腦硬碟裡的一個資料夾，和太太那些充滿愛的故事檔案都已經儲存在那裡，永遠不會消失。但與此同時，我知道我的人生需要繼續向前。我將會有新的、不同的資料夾，存放我往後的人生經歷。或許是新的工作、新的人生目標、新的興趣、又或者新的感情生活……有一點我非常確定，屬於太太的那個資料夾將一直安放在那裡，不會忘記，不會遺失，更不會被刪去，但同時，我也會以開放的心去迎接生命中各種新的經歷。」

這是我罕有聽到有關再婚的一個最合適的比喻。再婚與否，沒有客觀標準，更沒有統一的方程式。與離世配偶的一段關係，就如過去人生中的所有經歷一樣，已成為我們生命的一部分。如何繼續走往後的人生路？喪偶人士需要對自我有足夠的認識，並已妥善過渡哀傷的歷程，然後為自己作最適切的決定。

喪偶人士的不同面向

有關喪偶再婚的文獻不多，本地的論述更罕見。雖然中西文化有異，但外國的一些研究仍然可以提供參考。

- 男性普遍比女性更大機會於喪偶後再婚；
- 喪偶人士的社交支援會影響他們對再婚的意向：朋輩或社交支援較低的喪偶男士會對再婚有更大的興趣；
- 喪偶人士更傾向與另一位喪偶人士再婚，估計彼此相同的經歷能夠帶來所需要的明白、支持和安慰；
- 喪偶後再婚人士在心理及健康各方面的指標（包括抑鬱情緒、生活滿意度、壓力指數、自尊感等）普遍有更正面的狀況；

- 每個人都會透過與配偶在婚姻的互動過程中被塑造。再婚後，喪偶人士繼續維持並確立原有關係中的自我部分，能有助提昇自尊感，例如「過去我算是一個細心、關心太太的好丈夫，在新的婚姻裡，我也會對太太多加關懷。」與此同時，喪偶人士在新的婚姻關係中，同樣會再次被塑造，因而經歷自我成長，例如「過去經常被亡妻投訴我太沉默，不表達自己；在現任太太的鼓勵下，我嘗試分享更多自己的感受，我才發覺，原來溝通的確需要雙方面共同付出的」。

上述研究顯示，喪偶人士其實非常需要身邊人的明白，以及親友間的情緒支援。男士的社交網絡普遍比女士薄弱，再加上其他社會環境因素，有機會更傾向透過再婚減低孤寂感。另外，一段正面的再婚關係，可以帶來心理及健康各方面的正面影響，甚至個人層面的成長。

參考資料：

Moss, M. S. & Moss, S. Z. (1996). Remarriage of widowed persons: A triadic relationship. In D. Klass, P. R. Silverman, & S. Nickman (Eds.), *Continuing bonds: New understandings of grief* (pp.163-178). New York: Routledge.

第六章

被剝奪的哀傷

「流產好小事，遲啲再生過個啦！」

「你阿爸都八十多歲才過身，是笑喪，很有福氣了！無須傷心啊！」

面對喪親，人們往往會化身「哀傷評論員」，以自己的一把尺，去量度和評論別人的哀傷。當哀傷被人們評為「不應該」時，喪親家屬甚至連表達哀傷的機會也被否定。

事實是，哀傷從來沒有「應不應該」，只有每個人獨一無二而真實的經歷和感受。

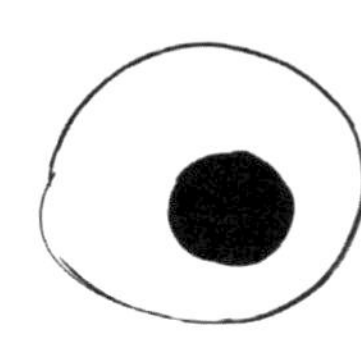

太早離開的生命

試回答這問題：你認為「生命」是從何時開始出現？精子與卵子結合一刻開始？從精子卵子結合後成功著床的一刻？是胎兒心臟完成發展並開始「噗通噗通」地跳躍的一刻？還是直至離開母體獨立存在才算？

有機會的話，嘗試問問幾位身邊的朋友，你可能會發現，原來不同人對「生命」或有不同的看法。

對於很多夫婦來說，「生命」甚至可以是從「對未來的憧憬」開始：拍拖時候，年輕愛侶彼此依偎著，溫馨地細訴大家對未來的構想時，或許你和我曾幾何時，都幻想過自己將來會如何如何組織家庭，最好生一仔一女，兒子要像你一樣的高大，女兒要有我的善解人意，然後甚至連孩子的名字也在說笑間想好……

甚麼是「生命」，原來比想像中複雜。不同人可以有不同的理解，甚至乎「生命」不需要局限於肉眼所見的實體存在。於是，當「生命」失去時，我們也會有不同的反應。

「無咗生過個啦，你仲後生……」面對流產或嬰兒夭折，這是其中最經典的安慰說話。

孩子離去後，鄭太就聽過不少親戚朋友如此回應，但這些所謂的「安慰」卻往往令她更難受：「我知道他們都是善意的，但這些說話對我來說是毫無意義……每個生命都是獨立的！」生命是如斯的珍貴和獨一無二，怎可能被輕易取代，甚至好像以桔代橙般兒戲？更何況，當中所需要經歷的，又豈如想像中容易？夫婦二人要先共同從傷痛中走出來，願意再次嘗試懷孕，再到幸運地成功懷孕，又要在懷孕和生產過程中承受焦慮和不安……針不扎在身上，說三道四的旁人又可會明白過程中當事人內心所面對的種種高低跌盪？

後來，鄭太真的成功再次懷孕：「別人常說『無咗生過個』，孩子走了，現在真的再次懷孕，但事實是我的哀傷並沒有被取代。是的，能夠再次期待新生命的來臨，讓我感到喜悅，但這喜悅並沒有取代那份哀傷和懷念。」這的確是一份複雜的感受——原來喜悅和哀傷可以並存，哀傷沒有被換去，失去的小生命也不能被取替。

曾聽過幾位於懷孕早期流產的女士分享，當她們的胎兒滑出體外，縱然胎兒根本未成形，也完全未能清楚看到胎兒的外觀，但她們仍然懷著哀痛的心情，小心翼翼地用當時可行的方法或器具去承載她們的「骨肉」，卻換來醫院職員一句「唉呀，咩嚟㗎……」隨手接來處理，之後就再不見蹤影。生物學上，這可能只是未成形的胎兒，醫院管理政策上亦不過是沒有用的醫療廢物，普通人更可能只覺得是「血淋淋的一灘」，但從父母的角度，這不但是自己最親愛的孩子，更代表著對未來無限的憧憬。過去幾個月隔著肚皮說過的綿綿情話，還有感受著小生命在肚裡一天一天長大的喜悅，當我們明白到胎兒對父母親的意義，其實遠遠超出於純生物科學角度的理解時，我們不難明白，那些「無咗生過個啦」「流產好小事啫」的說話是何等傷人。

經歷十月懷胎，繼而面對流產或嬰兒夭折，母親的情緒固然會受影響，但父親的需要也值得關注。當身邊所有人的焦點都集中在太太的情況，丈夫聽到最多的說話是「好好照顧你老婆」，而他的情緒往往被輕視。雖然沒有親身感受小生命在體內成長的奇妙歷程，但伴在太太身邊，見證著肚子日復日地變大，丈夫也與孩子建立了獨特的關係。失去孩子的哀傷、面對死亡的無力感、看見太太痛苦卻又愛莫能助的彷徨，再加上不擅表達的特質，男士其實同樣需要身邊人的明白和支持。

生命長或短　思念同樣無盡

生命縱然短暫，但很多父母親仍然希望為孩子留下他們僅有的足跡：照超聲波的相片、手印和腳印、一小撮的頭髮、一個屬於孩子的名字等等，都是小生命曾存於世上的印證。另一方面，醫護人員和社會人士的相關態度，小至一句溫柔的問候、一個適時的身體接觸，或者一件為孩子特製的小小衣裳，大至重新檢討未滿二十四周流產胎兒的遺體處理政策，以及設置安放流產胎遺體的墓園，這一切都是對逝去小生命的一份肯定，也是對父母們最重要的關懷和支援。

無論小天使的身體有多輕，存活於世界的時間有多短，仍然值得我們的尊重，還有他們父母親那份無盡的愛和思念。

不被認可的哀傷

不被認可的哀傷（Disenfranchised Grief）是指當某失缺經驗不被社會所認可，令喪親者不能公開地哀悼，並得不到所需的社交支援，喪親者哀傷的權利從而被剝奪。哀傷不被認可的處境可以包括：

1．與死者的關係不被認可，例如同性伴侶、婚外情；

2．失缺不被認可（例如失缺的重要性被輕視），包括流產或胎兒夭折、寵物死亡；

3．哀傷者不被認可（例如哀傷者被認為沒有哀傷的能力），包括智障人士；

4．死亡的處境不被認可（例如死亡的原因不被人接受），包括自殺、因愛滋病死亡；

5．哀傷的方式不被認可（例如男士不擅表達情緒的方式，可能會被身邊人質疑為無情或冷漠）。

哀傷不被理解和認可的情況其實相當普遍，但卻為喪親家屬帶來不必要的沉重壓力。唯有放下假設，我們才能真正走進哀傷者的內心，為他們帶來所需要的支持和關懷。

參考資料：

Doka, Kenneth J. (1989). *Disenfranchised grief: Recognizing hidden sorrow.* Lexington: Lexington Books

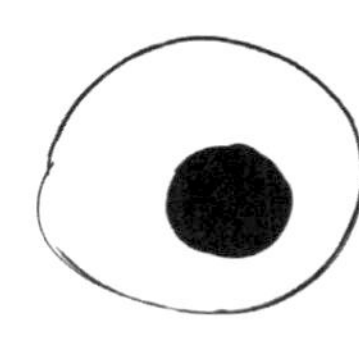

他不懂，所以不會哀傷？

很多人以為，智障人士因為認知能力的問題，不會受喪親和哀傷影響，其實這是非常大的謬誤。

外國有研究訪問智障人士，了解他們的哀傷經驗。結果發現超過一半受訪者表示，他們人生中有起碼一個死亡經驗令他們非常困擾，普遍反應包括各種中等程度的情緒低落表現，例如哭泣、疲累、睡眠受影響、失去胃口等。而經歷死亡超過一年後，大部分受訪者仍表示感到孤獨、焦慮、傷心及有其他行為問題。由此可見，智障人士雖然未必能完全理解死亡，他們仍然會感受哀傷，親人的離世也會為他們帶來各方面的影響。

我曾經有一位正在念表達藝術治療的學生，為一班智障人士安排一個音樂活動，邀請他們挑選一首最喜愛的歌曲分享。有參加者挑選了

《風的季節》，當音樂隨揚聲器響起時，其中一位智障人士突然大叫：「我妹妹最喜歡的就是這首歌！」然後咆哮大哭起來。後來從機構職員口中得知，這位智障人士的日常生活及情緒狀態一直平穩無恙，沒想到內心深處原來一直思念多年前離世的妹妹，而這首歌就剛好造就了讓她表達哀傷的契機。

我也聽過有智障人士因為身體殘障而行動不便，親人離世後一直未有機會掃墓。後來社工安排額外人手及特別設備，讓這位智障人士終於可以來到母親的墓前探望。她用手觸摸媽媽的照片，難過得哭起來，最後，她平靜地向著墓碑說了聲再見，完成了多年來的一個心願。

沒有人是孤島

看了一輯多年前的《鏗鏘集》¹，內容講述智障人士老齡化的處境，我一面看，一面眼淚直流。其中一位主角志彬，唯一相依為命的母親因病入院，結果被安排到智障人士宿舍作緊急暫託。母親不在身邊的這段日子，他一直不願脫下媽媽送的背心外套，衣袋裡塞滿了寫著媽媽電話的字條，口中念念有詞的重複著這個電話號碼。後來母親離世，志彬的身體機能亦日漸衰退，後期更因拒絕進食而入院。片段裡志彬從沒有開口說過甚麼，但所有的身體語言和訊息都讓我們清楚感受到他對母親是何等思念。

這些故事都讓我體會到，親人的離別同樣會讓智障人士感受哀傷。他們會經歷相同的哀傷歷程，但過程中或許需要一些獨特的支援方式，讓他們安然渡過喪親後的轉變，而只要有足夠的支援，智障人士一樣可以參與喪禮，例如事前讓他們對喪禮儀式有心理準備，或安排他們在正式儀式之前，有一個安靜環境讓他們與親人道別等。另外，他們未必善於用語言表達，因此可以多用不同媒體，例如繪畫和動作，鼓勵他們分享感受。最後，身邊人應該幫助智障人士盡快回復日常規律，並盡量減少生活上的其他改變，讓他們逐步重新建立安全感。

另一方面，更重要的支援方法其實是「防患於未然」。

近年，很多服務智障人士的社福機構都開始推行生死教育，讓智障人士及他們的家人都可以為死亡作正面的準備。透過正視和思考死亡的事實，智障人士的家長可以預早考慮日後子女的生活安排，可能是申請相關的服務、鋪排二代照顧者接手照顧工作，又或者開始教導智障子女一些生活技能等等；智障人士亦可以透過認識死亡的概念，學習表達自己的想法和感受，為未來可能發生的情況作更佳的預備。這些事前的準備都是有效幫助智障人士面對死亡，以及順利過渡親人離世的重要關鍵。

認知層面上的障礙，或許令智障人士不能夠完全理解死亡，但決不會阻礙他們去愛。對我來說，智障人士那份單純的心讓他們比健全人士更懂得愛。哀傷是一趟「心」的歷程，它不需要腦袋的分析能力，只需要一顆懂得愛人的心。

一 《鏗鏘集：老障無依》，香港電台製作。

智障人士　更需要認識死亡

究竟智障人士有多明白死亡呢？按照對死亡的概念理解（詳情見54頁），外國和本地都有不同研究欲了解智障人士對死亡的認識程度。有外國研究嘗試以處境故事的形式訪問智障人士，結果發現大約四分一被訪者對死亡有完全理解，超過三分二被訪者對死亡有部分理解。而認知能力和適應能力愈高的智障人士，對死亡的理解也愈高。

本地的研究結果與外國差不多，同樣反映智障人士對死亡並不是毫無認識，而是按他們的情況有不同程度的了解。正因為智障人士對死亡往往一知半解，亦會因為與親人分離而受情緒困擾，因此身邊人更需要讓他們正面認識死亡，並適時地為他們提供情緒和生活上的支援。

參考資料：
香港大學及東華三院（2013），《智障人士家屬之生死教育及智障人士喪親關顧介入於本港的成效研究報告》（東華三院社會服務科復康服務部出版）

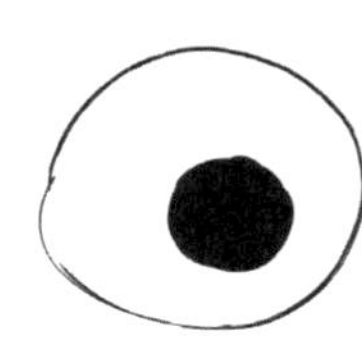

不能說的哀傷

若果說死亡是社會的忌諱，那麼自殺可以算是忌諱之中的忌諱。

受傳媒和社會氣氛影響，自殺一直是社會的敏感話題。對於自殺，人們往往會作出很多主觀評價。試想想，我們一般會用哪些言詞去評論自殺？自殺是「自私的行為」？是「不負責任」？自殺者性格「太懦弱」「不夠堅強」？思想「太負面」？自殺者家屬可能對死者「不夠關心」？自殺者和他的家庭「一定有問題」？作為自殺者家屬，除了要經歷失去摯親的痛苦，還要背負這些令人難受的標籤，實在令哀傷歷程百上加斤。

被標籤化的羞恥感，帶來的是沉默。有研究顯示，自殺者家屬是眾多喪親家屬當中，唯一一類組群會選擇向其他人隱瞞或欺騙親人的死因。「我丈夫是抗癌鬥士，無論身體幾辛苦，他仍一直積極面對。」

「我兒子是我的驕傲，他孝順又顧家，沒想到一次交通意外就奪去他的性命」但對於自殺者家屬呢？這句「我的親人是自殺死亡的」實在太沉重了，如何說得出口？於是，除非自殺事件及死者身分被傳媒廣泛報道，否則很多自殺者家屬都未必願意公開親人死亡的原因。

我所接觸的自殺者家屬當中，有人選擇盡量避開親朋戚友，有人放棄原本的宗教團體，亦有人嘗試堆砌其他原因草草交代事件。喪親家屬最需要身邊人的關懷和接納，但當死亡的原因成為秘密，很多事情的前因後果和內心的感受都不能與其他人分享，自殺者家屬就只能暗地裡孤獨垂淚。

阿偉是一位虔誠的基督徒，太太因抑鬱症自殺離世。活在哀痛當中，他原本希望可以在教會裡得到他所需要的支持，雖然身邊的教友都善意地表達關心，卻沒有為他帶來安慰，反而將他推向無盡的深淵——按照教友們的說法，自殺的人不能擁有永生，更要置身地獄，一想到深愛的太太要經歷煉獄之苦，那份錐心之痛實在令阿偉難以面對。久而久之，他逐漸疏遠教友，也不再上教會了，但他告訴我，他放棄了他的教會，卻沒有放棄他的宗教——他選擇不再透過教會與神聯繫，但仍然每天祈禱、看《聖經》，希望在當中得到神的回應，尋找他所需要的答案。

有一天，他說：「我想我找到答案了。我發覺，原來很多人想去『扮』神。我太太是一個非常有愛心的人，一個人在生命當中所作的善行，是否單純因為最後一刻選擇自殺，就全盤被否定，繼而被判落地獄？這可不是你或我決定的，而是我真正願意全然地交託神，信任祂作最後的審判。」

看著他堅定卻釋然的神情，我心裡很感動，更欣賞他的智慧。我沒有宗教信仰，但我見證過很多喪親家屬透過宗教得到很大的力量和祝福，因此我對不同宗教都非常尊重。雖然我不太肯定有關天堂和地獄的運作模式，但卻清楚體會到，旁人對自殺行為及自殺者的評論和解說，是如何影響自殺者家屬的情緒。我從沒有懷疑過教友們對阿偉的關心，亦相信他們是由衷分享自己的信仰，只是過程中，我們需要有足夠的敏感度，去明白自殺者家屬所需要的空間和步伐，而不是將自己的一套想法或價值觀加諸對方身上。

可幸阿偉對自我有足夠的肯定，沒有選擇活在別人的陰霾中，更能夠重新探索自己的道路和信念，但對於很多自殺者家屬來說，這絕對不是容易的事。我們要放下那些批判性的標籤，自殺者家屬才可以在一個被接納的環境下，得到所需要的支援，逐步適應喪親後的生活。

不認同　也不須批判

記得一位自殺者家屬曾說過：「以前在報章上看到自殺的新聞，我也會像一般人一樣，把事件當作茶餘飯後的話題，說三道四。結果，我做夢也想不到，同樣的事情居然發生在自己身上。這段日子我經歷了無法言喻的痛苦、難過、不被明白和孤單。到今天，當我再看見自殺的報道時，我首先想到的是：有人正經歷我曾經驗的痛苦。那份對人的慈悲和同理心，很自然而然的，就產生了。」

人們常問，應該說些甚麼安慰喪親家屬？我想，「不說甚麼」有時比「說甚麼」更重要。我們不必「扮神」，為死者作定案，更不用「專家上身」，去為事件作評論分析。作為普通人，縱然對事情不完全了解，又或對自殺的行為不表認同，我們仍然可以開放的態度去聆聽和關懷。單純的陪伴，或許就是自殺者家屬最需要的。

自殺者家屬的挑戰

親人自殺死亡，家屬除了會經歷一般的哀傷歷程外，更要面對一些獨特的挑戰：

1．關注創傷後的壓力反應

若曾經歷具創傷性的過程（例如目睹自殺過程、發現遺體等），家屬有機會出現創傷後的壓力反應，包括重複感覺經歷創傷性的畫面、逃避行為（逃避會令自己聯想起創傷事件的人和事）、處於戒備的狀態、感到焦慮和驚恐，以及出現其他身體反應如肌肉疼痛、失眠等。大部分情況下，症狀會隨著喪親家屬對事件逐步接受而漸漸緩和或消失，但若情況持續並影響日常生活，就需要尋求專業人士的協助。

2．理解親人的自殺

家屬需要一段很長的時間，去理解親人自殺死亡的事實。透過掌握客觀資訊後，他們需要嘗試就親人的死亡作出推斷或主觀的詮釋，過程中必須盡量考慮各種個人的因素（如精神、心理及生理狀況、個人成長經驗、處理問題能力、人際關係、性格特質等）和環境的因素（如社會氣氛、教育制度、經濟環境、工作／學校等）。對自殺原因的理解應該是全面性的（complex，「我明白自殺並不是單一原因所導致」）；現實的（realistic，「我接受自己的限制，未必能完全防止自殺的發生」）；以及慈悲的（compassionate，「我已盡力做了可以做的事」）。

3．強烈的情緒反應

內疚和憤怒是最常見的感受，這往往由於自殺者家屬將自殺歸因成某單一的原因：「因為我對他不夠關心」「因為他自私」，但事實是，這些過分簡化自殺原因的做法都是不合適的。學習接納我們和親人都有自己的限制，並嘗試明白自殺是一項非常複雜的行為，有各種內外因素彼此交互影響，自殺者家屬才能逐步消化死亡的事實，緩和激烈的情緒。

參考資料：Jordan., J. R., & Mclntosh, J. L. (ed.) (2010). *Grief After Suicide : Understanding the Consequences and Caring for the Survivors*. London: Taylor & Francis Ltd.

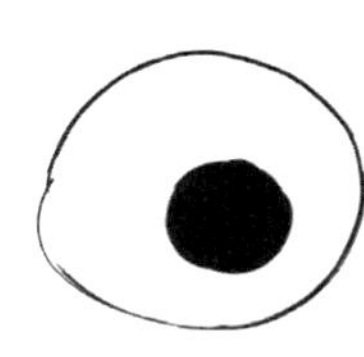

失去毛孩子

「只係隻狗啫，死咗買過隻啦！」
「死咗隻動物都喊到咁，你阿爺死嘅時候都冇咁傷心！」
「咁咪好囉，下次去旅行嘅時候唔使咁麻煩！」

對於不曾飼養寵物的人來說，很容易會輕視寵物對其主人的重要性，也無法理解寵物死亡所帶來的哀傷。香港大約有一成住戶飼養動物，即是十個人當中，可能只有一個人理解失去寵物的傷痛。

寵物不只是動物

人類的世界充滿姿彩，寵物可能只是我們生活的其中一部分，但對於寵物來說，主人卻是牠世界裡的唯一。寵物給予主人的不單是一份忠誠的陪伴，還有永遠專注的聆聽和不帶條件的愛。一個眼神，寵物就有如心靈感應般，完全明瞭你的喜怒哀樂，為你帶來最窩心的關懷。在複雜的人類世界裡，有如此單純直接的愛，的確是難能可貴。很多主人會稱呼寵物為「仔女」，而自己就是寵物的「家長」，於是當寵物離世，死去的不只是一隻動物，而是自己的孩子。

另一方面，當寵物患重病時，主人可能需要考慮讓寵物安樂死的選擇。當自己有絕對權力去決定另一條生命的生和死，這是一個非常為難、充滿掙扎和壓力的過程。就好像很多失去子女的父母一樣，寵物「家長」也會感覺自己未有為「仔女」提供最妥善的照顧，而令對方受苦，甚至死亡。對於安樂死和其他醫療上的決定，往往會感到自我質疑、內疚和遺憾。

失去寵物，就好像失去親人一樣，主人的哀傷歷程也會有類似的需要：適當的儀式可以幫助主人與寵物道別，並確認死亡的發生；主人也需要適當的空間去抒發情緒，好好記著與寵物曾經歷過的快樂時光，並透過合適的方式紀念寵物；最後，主人也要逐步適應沒有了寵物的生活。

寵物死亡所帶來的哀傷也有其獨特之處：由於哀傷未必被身邊人所理解和認同，寵物主人需要更多的自我肯定，去明白和接納自己的情緒乃屬正常。如果未能找到合適的人分享感受，可以嘗試用自己舒服的方式抒發情緒，例如文字、畫畫、做運動、音樂等。社區內有一些專為寵物離世而設的輔導服務和同路人小組，都可以提供所需要的支援。在重新適應生活的過程中，有些主人可能需要檢視自己的生活模式和人際關係，若發現自己過分依賴寵物作為心靈上唯一的慰藉，或許需要學習擴闊生活圈子和建立更平衡的生活方式。

面對有關安樂死和醫療決定的內疚和自責，主人可以待激烈的情緒稍為緩和後，嘗試以較理性的角度重新檢視整個決定的過程。

若從客觀分析，處身於當時的環境、時間、資訊等條件下，主人往往已經在各種限制中作了最大的努力，去嘗試做最合適的決定。那為甚麼主人仍然會感到強烈的內疚和自責？其實，這份遺憾歉疚的感覺並不是由於客觀上犯了的錯誤，而是源自主人對寵物的愛。因為愛，我們永遠希望為所愛的做得更多更好，若情況不如所願，我們就會主觀地認為那是因為自己做得「不夠多」「不夠好」。嘗試重新理解那份內疚自責，其實是反映自己對寵物的愛，並學習接受生命的無常和人的限制。畢竟，我們在寵物活著的時候已經給予牠們最多的愛和需要的溫飽，寵物也透過牠們的生命成為我們最好的陪伴者，彼此都在相遇的歷程中完成自己的使命，就已經無憾了。

另外，很多專門處理寵物離世的專家都建議，寵物主人應該要預早作心理準備，思考死亡。事實上，動物的生命比人類短暫，面對寵物離世理應是可預期的事。盡早考慮寵物患病及死亡的情況，了解需要作決定的因素，主人便能有更好的準備，安然過度這些困難的抉擇時刻。

對很多人來說，寵物的存在已遠遠超過一隻普通小動物。主人可以嘗試探索和了解寵物對自己的意義：可能是最好的朋友、最佳的聆聽者、自己的親人，或者是生命中的寄託等，這樣可以幫助自己更明白和接納看似難以理解的哀傷。

我曾接觸一位寵物主人，她的小狗們除了是自己的孩子和親人外，和小狗相處的過程中，她亦可以重新去到自己不曾擁有的快樂童年，還有久違了的那份童真和單純。寵物就象徵著她在成人世界已經妥協和遺失了的自己，小狗們的存在讓她可以拼湊自己最真實和珍貴的部分。透過檢視與寵物的關係，讓她更明白自己的哀傷，也令她重新認識自己。

生命與生命之間的相遇，從來都是一份緣分。緣聚時我們好好珍惜，緣盡後我們好好道別。無論是人抑或動物，都是我們需要上的一課。

如何思量寵物安樂死？

當寵物生病，痊癒機會渺茫，或身體機能受嚴重損害，令寵物的生活質素不能保證，主人往往要面對寵物是否應該接受安樂死的考慮。究竟人類有沒有權利主宰動物的生死？這的確是一項充滿爭議性的道德議題。有動物維權人士強調，為動物作安樂死的決定，必須是純粹從「動物的福利」角度出發，而不是「以人為本」。作為主人，應該如何思量如何決定，過程充滿矛盾與掙扎。

外國有專家設計了量表（The HHHHHMM Scale），量度寵物的生命質素，或許可以幫助寵物主人面對安樂死的決定時有更全面的思考。考慮寵物的生命質素，範疇包括：

Hurt: 寵物身體的傷害程度是首要的考慮，包括身體的疼痛程度（使用藥物後仍然未能減除寵物的疼痛？）、呼吸情況（有否出現呼吸困難？程度如何？）等；

Hunger: 寵物飢餓和進食的情況（有否拒絕進食而導致營養不良？）；

Hydration: 寵物攝取水分的情況；

Hygiene: 寵物的整潔與衛生情況（有否失禁，或排便後無法移動身體、身體腫瘤引致潰爛等？）；

Happiness: 寵物是否表現快樂（是否享受與其他動物或主人互動？或是表現退縮害怕？）；

Mobility: 寵物的活動情況（寵物是否願意走動？可以活動自如？還是不能自行郁動？）；

More good days than bad days: 對未來的預計：若寵物未來的生活將會充滿痛苦不適的日子，牠的生活質素將大打折扣。

以上範疇雖然未必能輕易量化，亦不能就寵物應否接受安樂死提出直接簡單的答案，但或許可以幫助主人更全面思考和理解寵物生活質素的狀況，從而計劃下一步的照顧計劃或其他安排。

參考資料：
http://www.dixieanimalhospital.com/storage/app/media/DixieAnimal/quality-of-life-scale.pdf

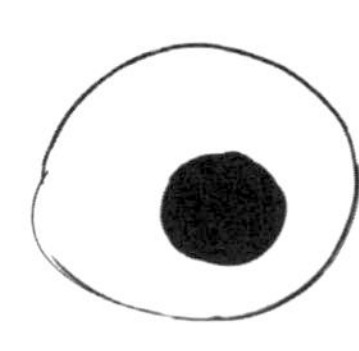

「中年孤兒」的無助

作為成年人，面對父母離世似乎是自然不過的事情。若父母去世時年紀老邁，別人更可能加一句「唔使傷心，笑喪嚟㗎！」，彷彿即使作為子女，因思念父母而難過也不太應該。

最近在網上看見一則新聞，愛爾蘭一位八十一歲婆婆麥基恩（Eileen Macken）自小在孤兒院長大，經歷長達六十一年的尋親之旅後，早前終於找到一百零三歲的生母。事後她開心地說：「我很想走到山上大聲尖叫，我不再是孤兒了！」

這令我回想起兒時的一段回憶。

記得大約七、八歲時，有一天母親收到遠方親戚的電話。母親接聽時，只見她沉靜地聽著對方說話，神情憂傷，然後默默放下聽筒。我走去母親身旁，她低下頭流著眼淚，向我說：「公公幾年前死了，現在婆婆也走了，我現在是孤兒了……」看見母親難過地哭泣，我不期然也跟著流淚，但心裡卻十分不解：這麼老也算是孤兒嗎？

原來是的。

從事哀傷輔導的工作後，看過一本名為 *Midlife Orphan*（中譯《中年孤兒》）[二]的書，當中就是講述成年人如何面對和過渡失去父母的哀傷。幾年前父母相繼離世後，我也開始體會到這種作為「中年孤兒」的感受。記得有一次我在商場購物，走在我前面的是一對年輕夫婦，那位妻子突然回頭向丈夫說：「你記住一陣提我打電話畀阿爸阿媽哦！」當時我的雙親已離世好幾年，但這句說話聽進耳裡，我心裡第一個反應是「噢，我都好想打畀阿爸阿媽……」接著眼睛一紅，眼淚就不住地流下來。

我有自己的家庭，還有一個哥哥，總算有身邊人和我一起面對父母的離世，但對於獨生子女，他們所經歷的又是另一番感受。曾聽過一位獨生女分享父母去世後那份無法承受的孤獨感：「我沒有兄弟姐妹，也未有伴侶，雖然有親朋戚友，但和他們的感覺一直疏離。失去了父母，我最親愛的爸爸媽媽，令我感到非常孤單，那是一種無法形容的隔絕感。外面的世界依舊熱鬧，但當你走到街上，看見街上的人熙來攘往，各有各的忙碌，你會發現，這世界上好像再沒有一個人和你有甚麼關係，彷彿此刻，這世界只剩下我一個……」

已屆中年，年老的父母離世可以說是自然不過的事，但理性地分析和接受，並不等於沒有哀傷的存在。回想起兒時父母親的養育和愛護、成年後的各種生活壓力，有時會令彼此關係有所變化，致令父母離世後經常出現所謂「子欲養而親不在」的遺憾。

另一方面，雖然作為成年人，生活上我們未必再需要父母的照顧，但對很多人來說，父母仍然是一道讓子女內心感覺安全的護蔭。父母離世，成年子女便頓然成為家中「最年長」的一代，無論是處理複雜的家族事務或家族成員間的關係，還是實際的個人生活安排，甚至是身邊人和自己的生老病死，我們知道，無可選擇地「輪到」自己去面對。因此也有人說，直至父母去世，我們才真正成為一個「大人」。

帶著父母的回憶走下去

阿慧父母親離世後，有感自己從未為父母盡孝道而感自責。直至一天，她看到一本佛教書，閱後她有很深的領悟：「要孝順父母，當然是趁他們在生時對他們好，但原來父母死後也可以報親恩，就是善用父母賦予你的身體，去照顧其他老人家和有需要的人，也算是為他們行善積德。」於是在往後的日子，她積極參與義務工作，服務長者，內心重新找到平安。

父母在身邊，就好好珍惜與他們相聚的緣分；父母走了，就帶著他們給予你的基因、教誨和回憶，好好繼續走往後的路。我相信有一天到我要走了，我也希望我的孩子這樣做。

一 〈愛爾蘭 81 歲婆婆尋親逾 60 年　尋回 103 歲生母：我不再是孤兒〉，Topick，2019 年 1 月 29 日。

二 Brooks, J. (1999). *Midlife orphan: Facing life's changes now that your parents are gone*. Berkley Books: New York.

整理父母的生命足跡

面對父母離世，成年子女可以嘗試以下練習，檢視和整理自己和父母親彼此的生命足跡（Life Imprint）：

回顧我的父親／母親在我生命留下的足跡，他／她在我的生命中有以下的影響：

我的外貌和身形：＿＿＿＿＿＿

我的氣質、動作、神情：＿＿＿＿＿＿

我說話和溝通的方式：＿＿＿＿＿＿

我的學業、工作和活動：＿＿＿＿＿＿

我與人相處的態度：＿＿＿＿＿＿

我的性格：＿＿＿＿＿＿

我的信念和價值觀：＿＿＿＿＿＿

我的其他特徵：＿＿＿＿＿＿

我知道我的父親／母親在我的生命裡印下了重要的足跡，在未來的人生路上，我希望繼續延續他們的影響：＿＿＿＿＿＿

與此同時，我明白自己擁有獨立的人生，也有一些我未必完全認同他／她的部分，因此我希望去除或改變的影響有：＿＿＿＿＿＿

參考資料：
Neimeyer, R. A. (2006). *Lessons of loss: A guide to coping*. Memphis: Center for the Study of Loss and Transition.

第七章

給哀傷路上的陪伴者

你的陪伴，讓喪親家屬在哀傷路上不再孤單。然而，作為陪伴者的你，在這路上同樣值得被關顧。

如果我們的內心也乾旱貧瘠，又如何給別人滋潤？定好自己的崗位，準備好自己的心靈，好好照顧自己，我們才可以陪伴喪親者走更遠的路。

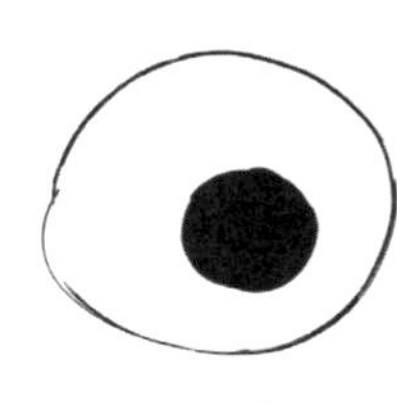

真正的陪伴

遇見喪親的朋友，我們最會琅琅上口說句「節哀順變」。

有用嗎？

「沒有。」

那為甚麼我們還是會照樣說？

「因為不知道還可說些甚麼。」

很好的答案。那麼，因為我們不知道說甚麼而說的話，其實是為誰而說？

「……為自己。」

對。原來，我們想安慰對方，到頭來，最需要被安慰的是我們自己。

惻隱之心，人皆有之。看見別人痛苦，我們也會感到難過，很想做些事去幫助對方，但又發現，面對死亡，我們無法改變，更感到無能為力。這種無力和無助的感覺並不好受，於是我們會開始嘗試做一些事情去改變現狀。不同的安慰說話和建議，原來到頭來只是讓自己感覺好過一點。

試問，對於一位剛失去摯親的人來說，感到哀傷難過、哭泣，正常嗎？

正常。

那為甚麼我們會期望一些「不正常」的事情發生呢？

真正的陪伴，不是要去改變對方的哀傷和痛苦。因為哀傷是真實的，痛苦也是真實的。我們可以改變的不是「結果」，而是「過程」。

台灣資深哀傷輔導專家蘇絢慧在《當傷痛來臨：陪伴者的修練》一書中，對「陪伴」有這樣的闡述：「陪伴人的過程不是為了立即解決問題，陪伴，不是一種『給』，而是一種『接』；陪伴的目的是為了在安心的關係中被接住了，而可以慢慢的接觸自己，理解自己、辨識自己。」（P.28）

切實在身邊　勝過千言萬語

我的母親九年前因腸癌去世。按她的意願，母親一直留在家中照顧，直至離世，亦因此遺體被送往公眾殮房。認領遺體那天，是一位從事殯儀業的女性朋友陪我處理。我還清楚記得門一開，我便看見母親的遺體在房間的遠處。我一面走近，雙手不期然掩著嘴巴，身體按捺不住的顫抖，眼淚不停地流下來。母親遺體的外觀變化很大，甚至是我無法接受的程度。迷糊在眼淚和震驚的感覺之間，我只感覺到那位朋友用力地攬著我的手臂，陪我一步一步地走近。

「死者姓名XXX，係唔係？」殮房職員問。

「係！」朋友答。

「身分證號碼XXXXXXXX，啱唔啱？」殮房職員再問。

「啱！」朋友再答。

坦白說，殮房職員一連串的問題，以及解釋有關認領程序的資料，我一句也聽不進耳，其他的細節，我也不太有印象了，但事隔多年，我仍清晰記得這位朋友的「陪伴」——她沒有改變我的哀痛，但卻切切實實地「陪伴」我面對這哀痛的過程。我的哀傷，就是這樣，沒有被改變，但卻被「接住了」。作為一個哀傷的人，當下最需要的，原來就是這些。

感謝妳，讓我從喪親家屬的位置中，學習到「陪伴」的一課。

陪伴者的練習

台灣資深哀傷輔導專家蘇絢慧認為，作為陪伴者，需要作以下的準備和學習：

淨空：不帶自己的預設立場和個人情緒，知道並接受自己的無所知，保持著「空」的狀態，才能做好準備去接收任何的訊息；

對方互為主體：陪伴者與被陪伴者都是完整獨立的主體，彼此處於平等位置。陪伴者不應過度用力或過度干涉（例如想盡辦法嘗試改變對方），但另一方面，陪伴者也可以保存自己的生活準則或價值觀，而無需要完全認同對方的一套；

放下控制，接受不同：放下想要立即掌控情況，擺平事件的欲念，也不需要給出答案或辦法，接受彼此可以有不同的獨特性，於是有效的對話才能展開；

容許軟弱悲傷：唯有可以接受與包容自己有軟弱有悲傷的人，才能夠安心的接觸對方的軟弱與悲傷。相反，當我們不能夠允許自己軟弱與悲傷，我們是無法向一個軟弱與悲傷的人給出由衷的包容；

用心感受，試著理解：真實掌握理智與感受，讓彼此之間得到一個暢通的連結，我們才能真正走進一個人的生命世界，體會他所體會，感覺他所感覺；

耐心以待：就好像靜候一顆種子的發芽和成長一樣，人的成長也是需要耐心的，這樣才能讓對方按著自己的歷程生出自己的力量。而一個有耐心的人，內在是穩定的，不會因著外界的紛擾與變化而亂了步伐或律動。

參考資料：

蘇絢慧（2011），《當傷痛來臨：陪伴的修練》，寶瓶文化事業出版。

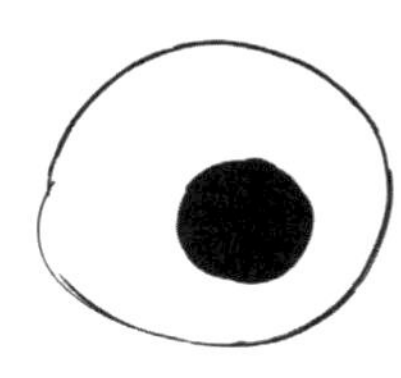

當助人者也感到無助

曾經有一位年輕社工問我：「我對哀傷輔導和臨終關懷的工作很有興趣，但我是個很樂天很開心的人，個性過分樂觀會否不太適合這類型的工作呢？」

這是一個很有趣的問題。我的看法是：從事有關死亡工作的人，若沒有正面樂觀的性格，很難做得長久。由於工作性質沉重，工作人員的確需要在過程中自我調適，否則，強烈的情緒和氣氛往往會令自己吃不消，但另一方面，若他們只擁有正面樂天的部分，而拒絕接觸沉重哀傷的感受，工作也不會做得好。試想像，你正照顧一位痛苦的臨終病人，若你只單純地對他說：「唔好唔開心啦，加油！積極啲！」會有甚麼效果？的確，我們可以樂觀的心態面對死亡，但同時無可避免地，死亡也包含哀傷、難過和眼淚，甚至乎在某些情況下帶來極大的痛苦——這些都是家屬與病人真實的感受和經歷。

曾經有許多時候，我坐在喪親家屬旁，看著他們歇斯底里地哭，承受著椎心泣血的痛，我難過得無法言語，更感到無能為力。作為助人者，我們都期望去「幫助」。偏偏面對死亡時，我們不能避免苦難的發生，無法減輕病人的痛苦，也不能消除家屬的哀傷，的確是非常無助。

這狀態往往讓我們感覺沮喪、不自在，於是我們會加倍努力，用盡各式各樣的方法去提供幫助。可是，我們愈用力去證明自己有能力去「幫助」，愈會因為期望落空而跌入更大的無助感。這種「助人者變得無助」的現象，在哀傷輔導和臨終關懷的工作中其實非常普遍。我們必須正視這些感受，並反思自己作為助人者所擔當的角色。

讓我重新思考的，是我們可以提供的所謂「幫助」是甚麼。在死亡與苦難面前，我看到人的渺小和限制。對我來說，與其侃侃而談說我們可以「幫助」，其實「陪伴」是更準確的用詞。在陪伴病人與家屬面對死亡的過程中，我們可以讓他們感覺被明白、被接納、被支持，然後在這樣的互信基礎下，我們才可能共同營造一個心靈空間，去探索在困境當中不同的可能性，並透過輔導中的知識與技巧，支援病人與家屬以妥善的方式，應對在晚期病患和喪親歷程中所面對的挑戰。

連結才是陪伴的開始

另外，當我愈來愈熟悉工作中的那份無助感後，我逐漸懂得如何應對它：首先，當感到無助時，先不要擔心或恐懼，不然我們又會再次重複跌進希望滿足自己期望、卻又再次感到無助的惡性循環當中。然後，多去認識、接納和欣賞這份無助感，因為這代表我們正用心地與對方連結，才會真實感受他的痛苦。最後，我發覺當我們也感到無助時，那是我們和家屬靠得最近和步伐最一致的時候。由此，我們可以與對方同步同行，也就是真正「陪伴」的開始。

當助人者感到無助，其實並不可恥，也不可怕。因為陪伴的起點，正正源自那份無助感。在那一刻，我們終於放下了要改變對方的期望，純然與對方共同經歷痛苦的感受。當痛苦被看見、被明白，家屬才有力量踏上療癒之旅。

「專業」面前 首先是一個「人」

有學者認為，「專業的陪伴」（Expert companionship）是有效支援喪親家屬的介入模式。

所謂「專業的陪伴」是指工作人員首先要放下自己作為「專家」的角色，與家屬互動的過程中，單純以一個「人」的身分作出連結——於是，那是一個「人與人」之間的關係，而非「專家與病人」或「輔導員與受輔者」的關係。

放下了「專家」的帽子，我們可以更真誠地面對自己的情感，接納自己的限制，也不需要期望自己一直成為過程中的領導者；相反，更多的時候其實是我們讓家屬在帶領：從他們的故事認識逝者的生命、被他們的經歷感動，甚至從他們身上學習。學者相信，當哀傷和痛苦真實存在，家屬需要的是工作員真誠的陪伴，並透過分享自己的故事，重新理解喪親的經歷和苦難的意義，更有機會促使個人成長。

參考資料：

Tedeschi, R. G., & Calhoun, L. G. (2009). The clinician as expert companion. In C. L. Park, S. C. Lechner, M. H. Antoni, & A. L. Stanton, Annette L. (Ed.), *Medical illness and positive life change: Can crisis lead to personal transformation?* (pp. 215-235). Washington, DC, US: American Psychological Association.

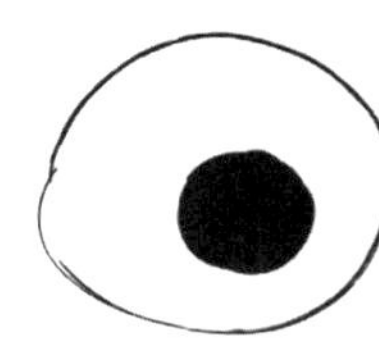

思考死亡，才能面對死亡

二十年前剛開始哀傷輔導的工作，我還是一個初出茅廬的社工。初接觸的幾個個案當中，有一位非常年輕的喪偶女士，帶著一個只有兩歲的女兒。在面談的過程中，她分享了很多與亡夫的故事：她和丈夫自小認識，由青梅竹馬到成為初戀情人，在學校那段青蔥歲月是他倆最快樂的光景。她說，當年他們陶醉於戀愛中的甜蜜和浪漫時，做夢也想不到，原來幸福如此短暫。今時今日，丈夫已因癌症離世，自己成為寡婦，更要獨力照顧年幼的女兒。

作為輔導員的我，坐在她身旁，聽著她的故事，自己卻不住地思潮起伏。

我首先要交代一下當時自己的處境：當年的我二十來歲，剛剛從大學畢業，當年我正在交往的男朋友，也是我在學校認識的初戀情人（並成為了我今天的老公）。戀愛中的我，同樣感到很快樂很幸福，那麼……

你可以想像我當時的感受嗎？

是的，我感到非常害怕和擔心，我害怕死亡也會突然無聲無息地降臨，我擔心自己的幸福也會同樣短暫。說來慚愧，當時我只顧沉溺在自己的恐懼中，根本無法用心傾聽她的分享。下班後，我如常去拍拖。還記得我拖著男朋友的手，一邊哭一邊說：「嗚……如果你死咗我點算……」

現在說起來實在難為情，但那的確是我當時的真實感受。這種狀態一度令我感到困惑：作為輔導員，若我自己對死亡也感到如斯恐懼、焦慮，我如何能夠有效地陪伴家屬面對生死，走過哀傷？

建立自己的生死觀

一路走來，對於生死和作為陪伴者的角色，我反思了很多，也學習了很多。我體會到自己要以謙卑的心懷，承認人的渺小和無知，並願意開放地探索生命和死亡的奧秘和奇妙處。有宗教信仰的朋友，我會邀請你在自己的宗教領域內繼續學習，讓自己的信仰更加堅穩；沒有宗教信仰的朋友（就如我），我會邀請你去了解和認識更多不同人士對生死的見解（包括宗教、哲學、個人故事等），從而逐漸建立自己的一套看法。

我們不是要將自己得出的理念強加於喪親家屬身上，而是我相信，唯有當我們重新擁有自己對生命和死亡的信念，我們才有一顆安穩的心，去陪伴家屬在生死之間探索自己的答案。

生命的四大議題

Irvin Yalom是存在心理治療（Existential Therapy）的代表人物，他提出人存活於世上，就必須面對生命中的四大終極議題（four ultimate concerns）：

1．**死亡**（Death）：每個人一出生，就注定無可避免地要走向人生的終點，即死亡；

2．**孤獨**（Isolation）：每個人只能獨自面對生命中的死亡和苦難，即使被家人和朋友等圍繞著，他們也不能代替你去經歷，因此「存在」是孤獨的；

3．**自由與責任**（Freedom & responsibility）：我們在生命中有選擇的自由，同時必須為自己的選擇負責任；

4．無意義（Meaninglessness）：我們存在於一個無意義的世界，卻在嘗試活出一趟有意義的人生。

一般人每日活在營營役役的生活模式中，未必會意識到以上的議題。往往要到經歷了一些臨界處境（boundary situation）時，例如瀕死經歷、喪親、患上危疾等，我們才覺察到生命中的這些終極矛盾。人必須思考並回應這些有關存在的議題，才能活出有意義的人生。

參考資料：

歐文．亞隆（Irvin Yalom），(2003)，《存在心理治療（上）死亡》，張老師文化出版。

結語：蜻蜓的故事

最後，我想分享一個關於死亡的真實故事。我非常喜歡這個既簡單又動人的小故事，而更重要的是，它深刻地影響並提醒我，人作為大自然的一部分，應當如何面對生死當中的不明白和未知數：

從前，有一群小幼蟲愉快地在水池裡生活。昆蟲在水裡過著無憂無慮的日子，除了一個謎一般的「傳說」：牠們當中的其中一個，會在某一天，爬到淺水處的一塊石頭上，然後就會無聲無息地「消失」。沒有同伴會再找到牠的踪影，也從來沒有昆蟲會回來告訴同伴們自己去了哪裡。對於朋友的離別，小幼蟲感到哀傷，但同時也十分害怕，因不知道哪一天，自己也將成為「被消失」的一個。

然後，這一天來到了。

小幼蟲默默地游到淺水處，一步一步地爬上石頭。從牠的背部，緩慢地鑽出一對異物。小幼蟲似乎未太習慣這東西的存在，但仍努力地將它伸展出去。站立在石頭上，小幼蟲回頭望向水中的倒影，赫然發覺原來在不知不覺間，自己已蛻變成另一個模樣：腹部變得細長，色彩變得豐富，再加上背上長出的那對翅膀，小幼蟲擁有了一個新的名字——蜻蜓。

蜻蜓靜靜地待在石頭上，一陣子後，牠似乎感應到大自然的呼喚。牠鼓起勇氣，拍動翅膀，身體一下子就隨著翅膀的舞動，飛到天空去了。蜻蜓第一次認識到水底以外的世界，內心充滿驚喜和快樂。牠低頭看見仍舊生活在水裡的同伴，似乎在為牠的「消失」而哀傷難過。蜻蜓很想返回水裡告訴同伴，牠並沒有消失，只是按大自然的定律，進入了另一個空間。然而，牠很快就發現，自己已經無法再回到水裡，但想深一層，水裡的同伴終有一天會經歷相同的事情，到時牠們自然會明白這獨特的生命歷程。

想到這裡，蜻蜓豁然開朗。懷著對生命的一份信任，牠振翅飛翔，向未知的前方邁進。

故事來源：http://www.steventrapp.com/dragonfly-story.htm

後記：「未知死，焉知生」

「連死亡我也經歷過，生命中還有甚麼會讓我懼怕呢？」

這是一位喪偶女士所說的話。丈夫正值壯年離世，她獨力照顧兩名年幼的女兒，努力克服困苦的生活。多年後我仍然清楚記得，她說話時紅著眼，流著淚，眼神卻是堅定不移。

孔子說：「未知生，焉知死？」從事生死教育，又或經歷過死亡的人，卻會告訴你：「未知死，焉知生？」——覺醒到死亡的事實、生命的有限，才讓我們再次思考自己應當如何活著。

還記得美國九一一事件嗎？當天打開電視，新聞報道重複又重複地播放被騎劫的飛機撞向世貿大廈、建築物倒下、市民慌忙逃生的場面。除此以外，大家有否留意，新聞還播出很多電話錄音：那些被困於大廈內或飛機上的人，當知道自己的生命在倒數時，他們打出了最後一通電話，為摯愛留下一句又一句的「I love you」。

這些片段讓我感到很震撼，試想像，如果你的生命只餘下幾分鐘，你會做些甚麼？你會否和這些人一樣，把握最後的機會，打出一通電話？生命中最後的這通電話，你會選擇打給誰？又留下甚麼說話？

這時候，你的腦海是否出現了某人的容貌？相信他/她一定是你生命中重要的人。有趣的是，每天讓我們耗掉了大量時間的人和事，卻往往不會出現在此時的考慮之列，例如你不會打電話給你的老闆，告訴他你將要缺席明天的會議，你也不會致電你的股票經紀，告訴他你本來準備今天沽清手上的股票。

為甚麼呢？

因為這一瞬間，你清楚明瞭，這些事情，毫不重要。

直視死亡，讓人深切反思：甚麼是生命中最重要的？甚麼是人生的意義？生命的優次又應當如何？這一刻，你仍然有幸活著，再次檢視當下的人生，你會如何重新規劃？如何走完餘下有限的人生？

對我來說，從事哀傷輔導的工作是生命中非常寶貴的經歷。每次看見喪親家屬哀痛地流著眼淚，說著悔不當初的遺憾，都好像當頭棒喝般地提醒自己，生命並不是必然，我要好好珍惜身邊人。當然，這些有如「阿媽是女人」的道理，哪個不會講？但真正做到的，又有幾人？每天見證著別人喪親之痛，自己放工回家後卻可以抱著健康平安的家人，豈能有不珍惜感恩之理？這些，是喪親家屬透過他們的淚水，教曉我關於生命的一課。我知道，我要用心的、認真地，好好學懂。

「但願人長久，千里共嬋娟」可是人並不能長久。只望人還在時，我們活好一點，多愛一點。

在終將告別前，學習哀傷

作　　者　田芳
責任編輯　吳愷媛
書籍設計　蜂鳥出版

蜂鳥出版
HUMMING PUBLISHING

在世界中哼唱，留下文字迴響。

出　　版　蜂鳥出版有限公司
地　　址　香港九龍灣常悅道 19 號福康工業大廈 801D 室
電　　郵　hello@hummingpublishing.com
網　　址　www.hummingpublishing.com
臉　　書　www.facebook.com/humming.publishing/

發　　行　泛華發行代理有限公司
印　　刷　同興印製有限公司
初版一刷　2019 年 12 月
二版二刷　2022 年 11 月
定　　價　港幣 $98　新台幣 $430
國際書號　978-988-79922-4-0

下一秒，來不及道別

作　　者　小咩
責任編輯　何欣容
書籍設計　Kaman Cheng

蜂鳥出版
HUMMING PUBLISHING
在世界中哼唱，留下文字迴響。

出　　版　蜂鳥出版有限公司
電　　郵　hello@hummingpublishing.com
網　　址　www.hummingpublishing.com
臉　　書　www.facebook.com/humming.publishing/

發　　行　泛華發行代理有限公司
印　　刷　同興印製有限公司

初版一刷　2020 年 11 月
定　　價　港幣 $98　新台幣 $430
國際書號　978-988-79923-9-4